R. 2992. porté
G. 3.

R 2992
G. 3.

LA DIVINITÉ
DE
LA RELIGION CHRÉTIENNE,
VENGÉE DES SOPHISMES
DE JEAN-JACQUES ROUSSEAU :
TROISIÉME PARTIE
DE
LA RÉFUTATION
D'EMILE OU *DE L'EDUCATION.*

A PARIS,
Chez DESAINT & SAILLANT, Libraires,
rue S. Jean-de-Beauvais, vis-à-vis
le Collége.

M. DCC. LXIII.
Avec Approbation, & Privilége du Roi.

L'AMUSEMENT
DES DAMES,
OU CHOIX DE SOPHISMES
DE *Jean-Jacques Rousseau*,
PRÉCÉDÉ DE LA VIE
DE
LA RÉPUTATION
DRAMA DE RÉPUTATION.

Chez Duponceau, rue ... , N.º 102,
... Maison ...
Collège.

RÉFUTATION

DE JEAN-JACQUES ROUSSEAU,

AUTEUR

D'EMILE ou DE L'ÉDUCATION.

TROISIÉME PARTIE.

ON a vu par les paroles de Tertullien, qu'il ne se laissoit point éblouir par la puissance de l'esprit de ténèbres que l'Incrédule n'affecte d'exagérer, que pour diminuer, s'il pouvoit, l'éclat des merveilles divines ? Chaque Chrétien avoit droit de défier cet ennemi de notre salut, & lui imposer silence. Il suffisoit, dit S. Athanase, de nommer seulement Jésus-Christ, pour voir sur le champ le Démon prendre la fuite, l'art de deviner cesser, &

toute la magie & les enchanteurs disparoître : on étoit persuadé qu'il n'y avoit rien de si limité que le pouvoir diabolique ; & que cet esprit pervers ne peut rien faire que par des moyens naturels, & qu'il n'a aucun pouvoir de s'écarter des loix que le Créateur a immuablement établies. Voilà la doctrine de l'Ecriture & de la Tradition. Elle est aussi conforme à la saine raison. Que peut-on répliquer contre un système appuyé sur de tels principes ? Comment Rousseau osera-t-il encore nous dire que dans la Religion Chrétienne, il faut prouver les miracles opérés en sa faveur par la doctrine, *de peur de prendre l'œuvre du Démon pour l'œuvre de Dieu ?* Nous venons de voir le personnage que les Démons ont fait dans la Religion Chrétienne; nous venons d'entendre les témoignages qu'ils ont été forcés de lui rendre ăté , témoignages ſi déciſifs , qu'ils forçoient les Payens mêmes d'abandonner les Démons pour embraſſer la Religion Chrétienne. De quelque côté que nous enviſagions cette Religion, tout nous crie qu'elle eſt la ruine & le fléau des Démons ; qu'à ſon établiſſement , toute leur puiſſance a été abattue & écraſée , toutes leurs illuſions découvertes & manifeſtées ; tous les vains preſtiges dont ils ſe ſervoient pour tromper & ſéduire les hommes, diſſipés & confondus. Julien reconnoît que depuis la venue de Jeſus-Chriſt , les Oracles ont ceſſé & ſont devenus muets. Avant lui , Porphyre s'écrie : Faut-il s'étonner ſi cette Ville eſt affligée d'une ſi longue maladie , puiſque Eſculape & les autres Dieux ſe ſont retirés du commerce des hommes ? Depuis que Jeſus a commencé d'être adoré, perſonne ne ressent plus les effets de leur protection. Et l'Incrédule vient encore nous dire: Il faut craindre ici de prendre l'œuvre du Démon pour celle de Dieu. Depuis quand donc cet esprit de malice, si rusé & si prudent, s'est-il soulevé contre lui-même? Par quel changement inouï auroit-il travaillé à la destruction d'un empire qui faisoit ses délices, d'un culte qu'il avoit pris tant de soin à étendre & à affermir? Le Démon devenu Chrétien! quel phénomene! quel prodige! Quel est l'Incrédule qui pourroit tenir contre un pareil miracle?

Puisque l'Incrédule, qui ne cherche que des défaites pour se débarrasser de la force des preuves de notre Religion, nous renvoie encore à la discussion de la doctrine, pour juger de la fin de nos miracles & de leur principe, nous le suivrons encore dans ce foible retranchement ; nous lui montrerons, par l'expofé de cette doctrine que nous aurons lieu de lui faire dans la fuite, & par les éloges qu'il en fait lui-même, combien elle eft pure, fainte, convenable à l'homme & digne de Dieu. Nous confentirons volontiers qu'on juge de la qualité de nos miracles par leurs fruits & les effets qu'ils ont produits. Nous demanderons à Rouffeau, comme faifoit Origene à Celfe ; car les objections de nos Incrédules font de vieille date & furannées, nous lui demanderons comment on peut douter que les miracles qui tendent à faire connoître Dieu aux hommes, à régler leur vie & leurs mœurs, aient une origine divine. Qui ofera dire que la fourberie eft le principe de ce qui n'a pour but que de corriger les vices & de guérir la corruption des hommes ? Comment attribuer aux artifices de la magie, aux prestiges de l'Enfer, des miracles opérés pour former un peuple, qui rejettant le culte des Idoles, n'adore que le seul vrai Dieu, qui, méprisant tous les objets créés, n'a d'autres désirs que de lui plaire en tout, & de s'unir à lui de toute la plénitude de son cœur ?

Voilà les étranges absurdités, les impiétés si révoltantes que l'Incrédule est obligé d'enfanter pour soutenir ses déplorables égaremens. Ce seul argument suffiroit pour le persuader ou le confondre : ou la Religion Chrétienne a Dieu pour auteur, ou elle est une œuvre du Démon ; il n'y a pas de milieu ; il faut se ranger dans l'un des deux partis : or tout ce que nous venons de dire démontre invinciblement que le Diable ne peut être le principe de la Religion Chrétienne, puisqu'elle n'est destinée dans toutes les parties qu'à ruiner son ouvrage ; il faut donc conclure qu'elle est sortie de Dieu, qu'elle est une émanation de sa sagesse & de sa bonté, puisqu'elle en porte tous les caractères.

Continuons de discuter les beaux raisonnemens de Rousseau. Après avoir tâché d'ébranler & de détruire toute l'autorité des miracles, il poursuit : » Quand donc les Payens mes-» toient à mort les Apôtres (a) leur » annonçant un Dieu étranger, & » prouvant leur mission par des prédi-» ctions & des miracles, je ne vois » pas ce qu'on avoit à leur objecter » de solide, qu'ils ne pussent à l'in-» stant rétorquer contre nous «. Nous avons déja fait sentir tout l'odieux d'une pareille proposition. Appeller un

(a) Tom. 3. p. 47.

R iv

Dieu étranger, l'Eternel, le seul vrai Dieu, celui dont les Idoles avoient usurpé la gloire & le nom, quel fatal aveuglement ! Oser prétendre que, quand les Payens mettoient à mort les Apôtres, qui prouvoient leur mission par des prédictions & des miracles, on ne voit pas ce qu'on avoit à leur objecter de solide, qu'ils ne pussent à l'instant rétorquer ; quelle mauvaise foi ou quelle ignorance ! Les Payens, plus éclairés & plus sincères que Rousseau, ont bien senti qu'ils n'avoient rien de solide à opposer à des preuves si convaincantes. L'idolatrie, confondue par leur éclat, a vu tous ses efforts se briser contre un rempart si solide : mais l'Incrédule, dont les inclinations s'accorderoient mieux avec l'idolatrie qu'avec la Religion Chrétienne, ne voit qu'avec un secret dépit celle-ci s'élever sur les débris de l'autre, & il n'eût pas tenu à lui que les Payens n'eussent exterminé tous les Chrétiens. Nous avons déja démontré combien il étoit juste & raisonnable de se rendre à l'autorité des miracles des Apôtres : nous avons vu que, pour s'y soumettre, il suffisoit de consulter le sentiment naturel gravé dans le cœur de tous les hommes, & de lui être fidèle : c'est aussi ce qu'ont fait les Payens, & ce qui les a rendus Chrétiens : nous verrons dans la suite quelle force les prophéties ajoutoient à une preuve déja si triomphante.

Convient-il à Rousseau de nous dire : « Or que faire en pareil cas ? » Une seule chose (a) : revenir au rai- » sonnement, & laisser-là les mira- » cles «. Eh quoi ! n'est-ce pas le raisonnement qui nous porte à suivre

(a) Ibid. p. 141.

l'autorité des miracles ? N'est-ce pas lui qui nous dicte qu'ils sont la voix de Dieu, le langage dont il se sert pour intimer sa volonté aux hommes, & qu'on ne peut les rejetter sans combattre Dieu même ? Les miracles ne sont-ils pas une voie infiniment plus sûre que tous les raisonnemens, qui souvent, par leurs illusions & leurs fausses apparences, nous trompent & nous égarent ? Mais les vrais miracles étant, comme nous l'avons démontré, le témoignage de Dieu même, les lettres de créance qu'il donne à ses Envoyés ; & Dieu ne pouvant nous tromper, ses miracles aussi ne peuvent nous induire en erreur.

La raison nous apprend que l'homme doit toujours se conduire & se déterminer par la plus grande lumière : or la lumière des miracles est supérieure à celle de la raison, puisque c'est une lumière divine. Il est donc conforme à la raison de l'oublier avec tous ses raisonnemens, pour se rendre à l'autorité des miracles. Voilà ce qui est *du bon sens le plus simple*, que l'Incrédule *n'obscurcit qu'à force* de vains sophismes & *de distinctions tout au moins très-subtiles*. Ce n'est, comme nous venons de le faire voir, qu'en obscurcissant les lumières naturelles du bon sens, que Rousseau pourra persuader qu'*il eût mieux valu ne pas recourir aux miracles*.

Au lieu de s'égarer dans de vains raisonnemens, au lieu de se livrer à une raison qui nous en impose si souvent, il n'est ici question que d'examiner des faits sur lesquels tous les hommes ont des principes infaillibles de discernement. La preuve des miracles entrant dans l'ordre des faits, elle est capable d'une certitude & d'une évidence entière. C'est la raison & le bon sens qui nous obligent de nous y soumettre. Cette preuve, aussi-bien établie qu'elle l'est, doit suffire pour convaincre tout esprit raisonnable, & faire sentir à l'Incrédule que tous ses raisonnemens l'ont trompé jusqu'ici, quand même il ne pourroit en découvrir le défaut.

Tandis que Rousseau ne cherche qu'à tout brouiller par ses vaines subtilités, qu'il en est seul coupable; il prétend encore les rejetter sur le Christianisme. Il venoit de dire, que laisser les miracles pour revenir au raisonnement, étoit du bon sens le plus simple, qu'on n'obscurcissoit qu'à force de subtilités; il s'écrie ensuite : » Des » subtilités dans le Christianisme ! » mais Jesus-Christ (a) a donc eu » tort de promettre le Royaume des

(a) Tom. III, p. 147.

» Cieux aux simples ; il a donc eu
» tort de commencer le plus beau
» de ses discours par féliciter les pau-
» vres d'esprit ; s'il faut tant d'esprit
» pour entendre sa doctrine & pour ap-
» prendre à croire en lui ? Quand vous
» m'aurez prouvé que je dois me sou-
» mettre, tout ira fort bien : mais
» pour me prouver cela, mettez-vous
» à ma portée, mesurez vos raison-
» nemens à la capacité d'un pauvre
» d'esprit, ou je ne reconnois plus
» en vous le vrai Disciple de votre
» Maître, & ce n'est pas sa doctrine
» que vous m'annoncez «. On voit bien ici la malice artificieuse de Rousseau. Il cherche à mettre Jésus-Christ en contradiction avec lui-même, comme ayant promis aux simples ce que les moyens qu'il leur offre ne peuvent leur procurer. Mais c'est précisément parce qu'il n'y a point de subtilité

dans le Christianisme; c'est parce que les simples doivent avoir part aux promesses de Jesus-Christ, qu'il faut laisser-là les raisonnemens, & revenir aux miracles. C'est vraiment par une telle voie que Dieu se met à la portée de tout le monde, qu'il se mesure à la capacité d'un pauvre d'esprit, & qu'il acquitte la promesse qu'il lui a faite. Ce simple, ce pauvre d'esprit est, par ce moyen, mis de niveau avec le sçavant & l'homme d'esprit. La Religion Chrétienne étant établie sur des preuves sensibles & palpables, tous peuvent sans peine & sans effort, la reconnoître aux traits si lumineux qui la caractérisent. Un pareil examen ne demande qu'un cœur qui cherche sincèrement la vérité. Mais comment Jesus-Christ auroit-il pu promettre aux simples le Royaume des Cieux, s'il leur falloit laisser les miracles pour revenir au raisonnement ? C'est alors que le simple auroit raison de lui dire : Mettez-vous à ma portée, mesurez-vous à la capacité d'un pauvre d'esprit. Vous voulez que j'examine vôtre doctrine par des raisonnemens ; est-ce-là cette voie facile & aisée que vous m'avez promise pour arriver au salut ? Et c'est ici que la Religion Chrétienne brille avec un nouvel éclat. C'est ici qu'elle fait admirer la sagesse de son œconomie & de ses proportions, en confondant la témérité de l'Incrédule.

La vraie Religion doit être commune à tous ; nul n'en doit être exclus. Celle qui propose des moyens qui ne peuvent convenir tout au plus qu'à un petit nombre, ne sçauroit être la vraie Religion ; elle est indigne de Dieu, parce qu'elle ne porte point les caractères de sa bonté & de fa fageffe. Or une Religion qui ne feroit fondée que fur des raifonnemens, qui exigeroit de longues difcuffions, ne feroit point à la portée des fimples & des ignorans.

En effet, quelles reffources ces fimples & ces ignorans auroient-ils, s'ils n'avoient d'autres guides que le raifonnement pour les conduire au falut ? Pourroient-ils trouver dans leur propre fond de quoi s'élever & atteindre aux vérités céleftes ? Pourroient-ils s'ouvrir feuls une voie pour marcher fûrement dans une carrière fi difficile & fi épineufe ? Que deviendra l'Artifan qui ne vit que de fon travail, le Laboureur qui fçait à peine lire, l'infirme que le poids de la maladie met hors d'état de méditer, réfléchir, examiner ? Que feront tant d'hommes que l'accablement de mille foins & de mille néceffités temporel-

les occupe presque tout entiers ? comment pourront-ils trouver le temps nécessaire pour discuter tous les points de la Religion ? De quel raisonnement seront capables tant d'esprits si étroits & si bornés, qu'à peine peuvent-ils concevoir les choses les plus aisées ? Si le raisonnement de chaque particulier doit être seul juge des matières de la Religion, c'est bien alors qu'il faudra dire : » Adieu les mé-
» tiers, les arts, les sciences humai-
» nes, & toutes les occupations ci-
» viles ; il ne peut plus y avoir d'au-
» tre étude que celle de la Religion :
» à grand peine celui qui aura joui de
» la santé la plus robuste, le mieux
» employé son temps, le mieux usé
» de sa raison, vécu le plus d'années,
» saura-t-il dans sa vieillesse à quoi
» s'en tenir, & ce sera beaucoup
» s'il apprend avant sa mort dans

» quel culte il auroit dû vivre «.

Que ferons-nous donc de tous ces simples, & de tant de personnes incapables d'études & de recherches ? N'ont-ils pas autant de droit aux biens de la Religion, que les sçavans & les gens d'esprit ? Faudra-t-il les en exclure, parce qu'ils sont nés avec une raison plus foible, moins pénétrante, & privés des moyens nécessaires pour être cultivée ? Faudra-t-il les abandonner à leurs ténèbres & à leur incapacité ? N'étoit-il pas au contraire bien digne de la bonté de Dieu, de les dédommager, en leur fournissant des moyens propres à suppléer à leur foiblesse & à leur impuissance ? Mais quels seront-ils ? Sera-ce de puiser dans la raison des autres, ce que la leur ne leur fournit pas ? Si tel est le moyen que la Providence a ménagé aux simples, dès-lors la raison se trouve ramenée à l'autorité ; &, après avoir rejetté une autorité aussi légitime que celle de l'Eglise, aussi-bien fondée, aussi proportionnée à tous, on y substituera l'autorité de quelques Maîtres particuliers qui, comme Rousseau à l'égard de son Emile, se croiront en droit de soumettre à leur raison celle de leurs élèves : ressource plus funeste & plus dangereuse encore, que le mal dont elle seroit le remède. Par-là les petits & les simples deviendroient bien-tôt les tristes victimes d'une raison étrangère & orgueilleuse. Obligés de s'abandonner aveuglément aux foibles lueurs d'une raison si souvent fausse & trompeuse, dans combien d'écarts & d'égaremens ne se précipiteroient-ils pas ? Incapables de discerner par eux-mêmes le vrai du faux, ils ne pourroient que former leur jugement sur celui des autres, adopter également l'erreur & la vérité, en un mot, devenir le jouet perpétuel de l'inconstance & de la légéreté du raisonnement humain.

Au milieu du cahos & de la confusion de tant d'idées & d'opinions si différentes & si contraires, comment pourroient-ils même se déterminer à croire quelque chose? Hors d'état de peser par eux-mêmes & de juger de la solidité des raisons qui appuient chaque sentiment, pourquoi embrasseroient-ils l'un plutôt que l'autre? N'auroient-ils pas droit de se méfier de tous également? Le meilleur usage qu'ils pussent faire de leur raison, seroit donc de ne rien croire, & de rester dans une affreuse incertitude sur les points les plus essentiels & les plus importans.

Voilà où conduit nécessairement l'horrible témérité de l'Incrédule; voilà la triste situation où elle réduit les trois quarts des mortels ; & dans quels excès, si elle étoit suivie, n'entraîne-toit-elle pas ceux-mêmes qui se piquent le plus d'esprit & de raisonnement ? Qu'ils seroient aveugles, s'ils s'imaginoient avec Rousseau, que la raison seule leur suffit pour pénétrer & comprendre les plus grands objets auxquels l'homme est destiné ? Quelle que puisse être la grandeur & l'élévation de leur esprit, si Dieu ne les aide & ne les éclaire, ils ne feront jamais que ramper : *Cujusmodi libet excellant ingenio, nisi Deus adsit, humi repunt.* Augustinus. Nous l'avons déja fait voir par une expérience de quatre mille ans d'erreurs & d'égaremens, qui a dû convaincre l'homme de l'insuffisance de sa raison. De quel œil pourrions nous ensuite regarder l'Incrédule qui veut encore nous ramener à la raison ? Ses promesses peuvent flatter notre orgueil ; mais, malheur à ceux qui, sans connoître leur infirmité, sans consulter leur foiblesse, se livrent follement aux discours de ces hommes trompeurs. Ils nous offrent, comme un remede à nos maux, un poison mortel qui n'est propre qu'à les augmenter & les rendre presque incurables.

Mais quelle sagesse va nous montrer la Religion Chrétienne par opposition à la folie de l'incrédulité ! Quelle admirable proportion dans toutes ses parties avec l'état & les besoins de tous en général & de chacun en particulier ! Elle n'exclut personne, elle fournit à tous un chemin court & facile pour arriver à une entière connoissance des vérités qu'elle professe. Avec Jesus-Christ son Maître & son Chef, elle appelle les jeunes gens comme les vieillards, elle n'excepte ni les Artisans ni les Laboureurs. Tous ceux qui désirent se désaltérer à la fontaine du salut, quelque ignorans qu'ils soient, quelque occupés qu'ils puissent être aux travaux de la vie, quelque foibles qu'ils se trouvent par leur âge, leur sexe, leurs maladies, tous sans exception sont reçus & admis dans son sein. Elle procure à tous des moyens suffisans pour s'instruire des vérités du salut : elle ne met à cet égard aucune différence entre les nobles & les roturiers, le pauvre & le riche, le simple & le sçavant : *Venez à moi*, dit Jesus-Christ son Maître, *vous tous qui êtes fatigués & accablés, & je vous soulagerai. Venez, vous tous qui avez soif, & je vous désaltérerai.* Et voici comment Jesus-Christ exécute cette grande promesse.

Rien n'est plus propre pour attirer les hommes, que l'autorité & la force des miracles ; nous en avons déja vu les preuves. Rien aussi n'est plus à la portée des simples & des moins intelligens que ce qui tombe sous les sens & n'a besoin que de cet examen grossier pour être cru : les merveilles qui ont pour objet le bien & le soulagement des spectateurs, sont encore plus propres à gagner leur esprit & leur cœur. De l'admiration ils passent à la reconnoissance, & de la reconnoissance à l'attachement le plus tendre & le plus vif. C'est aussi sur ces principes si naturels, que Jesus-Christ régle sa conduire. A peine se manifeste-t-il aux hommes, qu'il remplit tous les lieux par où il passe des marques de sa puissance & de sa bonté : chaque jour il opère de nouveaux miracles, il fait de nouvelles guérisons plus éclatantes les unes que les autres : par cette autorité divine, la Sagesse éternelle attiroit à elle les ames égarées, pour les instruire & les éclairer. Aussi la multitude accourt en foule : mais le moment n'étoit pas encore venu de fixer constamment leur cœur ; il falloit auparavant que Jesus-Christ fût élevé en croix.

Après sa résurrection, il envoie ses Apôtres par toute la terre ; ils retracent toutes les merveilles de leur Maître ; ils confirment tout ce qu'ils disent par l'autorité des mêmes prodiges : ce qu'on leur voit faire est un sûr garant de la vérité de ce qu'ils publient des actions, de la doctrine & de la personne de Jesus-Christ : on les écoute de tout côté ; on les suit de toute part ; on embrasse par-tout la Religion, la foi & la doctrine qu'ils prêchent.

C'est par de tels moyens que Jesus-Christ a formé son Eglise. Les miracles de toute espèce que lui & ses Apôtres ont opérés, lui ont acquis toute l'autorité nécessaire. Cette autorité ainsi établie, a mérité qu'on ajoutât une pleine foi à tout ce qu'il avoit dit ou faisoit encore dire : cette foi a rassemblé & réuni dans un seul corps de Religion une multitude de peuples. Par cette multitude il a procuré à sa Religion une antiquité & une force qui la rendent supérieure & invincible à tous les traits de l'erreur & de l'incrédulité : par cette assemblée si nombreuse & si respectable, il a pourvu son Eglise de l'autorité la plus éminente qui soit sur la terre : autorité qui réunit en elle toute l'autorité humaine avec la divine : le poids, l'étendue, la perpétuité, l'éclat d'une si grande Société lui assure toute l'autorité humaine qu'on peut défirer. Les promeſſes que Jeſus-Chriſt lui a faites, fondées ſur les miracles opérés pour en confirmer la vérité, établiſſent l'autorité divine qu'elle a reçue. Par la première autorité, elle nous garantit la certitude de tous les faits qui conſtatent ſon autorité divine; & tous ces faits nous garantiſſent à leur tour la vérité de l'autorité infaillible qui lui eſt promiſe & qu'elle s'attribue.

Jeſus-Chriſt a encore muni ſon Egliſe d'une abondance de preuves & de raiſons victorieuſes par le miniſtère de tant d'hommes célèbres, diſtingués par leur ſcience & leur piété, qu'il a renfermés dans ſon ſein. Ainſi le comble de l'autorité & toutes les lumières de la raiſon ſe trouvent réunies dans cette Société pour éclairer & conduire le genre-humain. Dans cette forteresse de vérité, cette citadelle d'autorité, les simples sont en sûreté, les petits & les humbles se mettent à couvert dans cet azyle, & se fortifient comme dans un nid, avant qu'ils aient des aîles pour s'élever à la connoissance des mystères de la Foi. Après qu'ils s'y sont réfugiés, on emploie pour leur défense toute la force des raisons contre ces hommes qui ont la témérité d'accuser leur conduite, & de la décrier comme contraire aux lumières de la raison.

Y avoit-il rien de plus proportionné à tous les esprits qu'une pareille voie ? Elle les délivre de ces longues discussions, de ce travail si pénible dont ils auroient eu besoin, & dont cependant presque personne n'est susceptible : elle supplée à la foiblesse de nos lumières, elle en prévient les égaremens, en nous fournissant la lumière la plus sûre pour nous conduire au milieu de nos ténèbres. C'eſt la voie abrégée, mais qui contient toutes les autres : *Autoritati credere, magnum compendium & nullus labor.* Aug. Jamais, ſans ce ſecours, les hommes n'euſſent été capables de parvenir à la connoiſſance des vérités céleſtes : jamais, ſans ce dégré ferme & ſolide, ils n'euſſent pu s'élever juſqu'à Dieu.

Les ténèbres & l'inſuffiſance de notre raiſon nous conduiſent donc néceſſairement à la voie de l'autorité : car tout homme qui ne peut ſçavoir & apprendre par lui-même les vérités qui lui ſont eſſentielles, doit abſolument avoir recours à une autorité qui ſupplée à ſon impuiſſance. Dans cette ſituation, il eſt clair que le meilleur uſage que l'homme puiſſe faire de ſa raiſon, eſt de la ſoumettre à la plus grande autorité qui soit au monde, & qui a toutes les marques de l'assistance & de la protection divine. Y a-t-il rien de plus sage, de plus prudent qu'une pareille conduite? Elle est conforme aux lumières de la raison, puisqu'elle ne se soumet qu'à une autorité qui a tous les caractères de vérité capables de mériter une entière confiance.

Rien n'est même plus propre à lui mériter cette confiance & à lui gagner les cœurs, que la manière dont elle se propose d'instruire ceux qui s'adressent à elle. Tous les autres font grand bruit de la raison, promettent de tout trouver par son secours, & ne conduisent qu'à des précipices : mais elle au contraire n'entend pas délivrer les hommes de leurs erreurs & de leurs ténèbres en leur prescrivant un examen philosophique des vérités qu'elle propose; elle exige seulement la foi des vérités qu'elle commande de croire, après les avoir elle-même reçues & adoptées. Ainsi elle use, pour instruire ses enfans, d'une autorité toujours vivante, qui les empêche de s'égarer dans de vains raisonnemens, & qui est seule capable de les unir raisonnablement dans un même corps de Religion. Dans cet état, les simples se contentent de sçavoir les vérités que l'Eglise leur présente, & de s'en nourrir. Ceux à qui Dieu a donné plus de lumières & de moyens pour s'appliquer à la méditation de ces vérités, s'y appliquent sans se départir d'une juste soumission qui leur sert même de guide & de flambeau. Cette étude leur fait sentir de plus en plus la nécessité de la voie qu'ils ont prise : leur humble déférence est récompensée par un accroissement de lumière, qui change leur foible intelligence & leur soumission en clarté.

Il est vrai qu'il faut des marques pour distinguer la Société à qui appartient uniquement une si grande autorité : mais combien de traits éclatans l'Eglise Catholique ne fournit-elle pas pour se faire reconnoître parmi toutes ces Sectes qui ont osé usurper son nom !

La Société à qui seule appartiennent les promesses de Jesus-Christ & l'autorité qu'elles lui assurent, est celle sans doute qui, par sa succession non interrompue, remonte jusqu'à Jesus-Christ & ses Apôtres : c'est celle qui tient à ces premières sources de la révélation, & qui en descend par une continuité qui n'a jamais souffert la moindre atteinte. Or il est visible que l'Eglise Catholique est la seule qui
réunisse

réunisse tous ces titres. Elle seule peut se dire l'Eglise fondée par Jesus-Christ & ses Apôtres, puisqu'il n'y a qu'elle qui ait toujours subsisté sans la moindre interruption. Elle seule peut montrer une longue suite de Pasteurs & de Ministres qui, remontant jusqu'aux Apôtres, en deviennent les successeurs & les représentans. Par-là, l'Eglise, dont ils sont les chefs, est la même que les Apôtres ont fondée, celle qui a été établie la dépositaire de la révélation, & à laquelle Jesus-Christ a communiqué son autorité pour la conservation du dépôt. L'Eglise Catholique est donc la seule qui soit en possession de cette autorité : nulle autre qu'elle ne peut produire en sa faveur le consentement des Peuples & des Nations : elle le revendique avec raison, en descendant depuis les premiers siécles jusqu'à nos

Partie II. T

jours, parce qu'elle seule est liée de communion avec tous ces Peuples & ces Nations.

L'autorité des miracles lui donne encore un nouvel éclat, & sert à la faire distinguer de toutes les autres Communions. Il ne s'en est jamais opéré qu'en sa faveur ; dans tous les tems elle a pu en produire : Dieu, toujours attentif à ses besoins & fidèle à ses promesses, n'a cessé d'en opérer dans son unité, tantôt par le ministère de ceux qui vivoient dans son sein, tantôt par l'entremise de ceux qui étoient morts dans sa communion. Ainsi les miracles faits pour son établissement, unis à ceux que Dieu a faits pour son accroissement & sa conservation, forment seuls un caractère qui suffiroit pour lui assurer la qualité d'Eglise de Jesus-Christ.

La sainteté des mœurs, qui a toujours brillé dans un grand nombre de ses enfans de tous les ordres & de tous les états, ne contribue pas moins à la faire reconnoître. Les exemples de vertu & de sainteté qu'elle a fournis dans tous les temps, nous assurent qu'elle est cette Eglise à qui Jesus-Christ est venu communiquer son Esprit pour la purifier & la sanctifier.

Outre son antiquité, sa sainteté & son unité, son nom seul de Catholique, marque sa dignité & son éminence sur toutes les autres Assemblées. C'est un principe certain, qu'il suffit, pour connoître la véritable Eglise, de sçavoir qu'elle est celle qui a le plus d'étendue. C'est par sa catholicité, que l'Eglise de Jesus-Christ est devenue aussi visible qu'une Ville bâtie sur la montagne, & qu'elle a reçu l'accomplissement des promesses faites à son Chef, de lui donner toutes les Nations pour son héritage. C'est aussi par la catholicité, que l'Eglise de Jesus-Christ a été distinguée dans tous les tems. Or cette catholicité convient encore à la Société qui porte le nom d'*Eglise Catholique* : ce nom & la chose qu'il signifie, lui sont tellement propres, que quoique les Hérétiques voulussent être appellés de ce nom ; néanmoins si un étranger leur demande où s'assemble l'Eglise Catholique, il n'y en a pas un qui montre son temple ou sa maison. La raison en est claire ! il est trop visible que cette qualité ne convient réellement qu'à l'Eglise qu'on nomme *Catholique ;* elle seule est plus répandue, plus considérable, plus éclatante que toutes les autres Sociétés prises à part ; elle a donc des caractères de vérité & de divinité, que toutes les *Sectes* ne sçauroient s'approprier. Elle est Catholique & universelle ; elle embrasse tous les temps ; elle s'étend de tous côtés ; elle est Apostolique : la suite, la succession, la chaire de l'unité, l'autorité primitive lui appartiennent. Tous ceux qui l'ont quittée, l'avoient d'abord reconnue pour leur véritable mère ; jamais ils ne pourroient effacer le caractère de leur nouveauté, ni celui de leur rébellion. Il y aura toujours un fait malheureux pour eux qu'ils ne pourront couvrir, c'est celui de leur nouveauté. Il paroîtra toujours aux yeux de tout l'Univers, qu'eux & la Secte qu'ils ont établie, s'est détachée de ce grand corps & de cette Eglise ancienne que Jesus-Christ a fondée. Le moment de leur séparation sera toujours si constant, qu'ils ne pourront le désavouer, & qu'ils n'oseront seulement tenter de se faire venir de la source primitive par une suite qu'on n'ait jamais vu s'interrompre. Toutes ces Sectes n'ont, pour ainsi dire, paru que d'hier ; & le nom de leur Auteur qu'elles sont obligées de porter, montre le principe & la nouveauté de leur origine. C'est le foible inévitable de toutes les Sectes que les hommes ont établies ; elles ne sçauroient se donner des prédécesseurs ; la seule Eglise Catholique remplit tous les siécles précédens par une suite qui ne lui peut être contestée. Aussi toutes ces Sectes ne prétendent-elles point à l'autorité que s'attribue à si juste titre l'Eglise Catholique ; elles y renoncent, & s'en excluent elles-mêmes, en ne promettant à leurs Disciples que la lumière de la raison & la voie de l'examen pour les faire arriver aux vérités de la Religion ; moyens dont l'inutilité suffiroit seule pour prouver que toutes ces Sectes ne sont point l'Eglise de Jesus-Christ, & pour les faire rejetter sans aucune autre discussion.

Peut-on ensuite hésiter de prendre pour sa lumière & pour son guide une autorité si bien fondée que l'Eglise Catholique, toujours victorieuse de toutes les erreurs & de toutes les Sectes qui ont tenté de la détruire? Les œuvres des hommes ont péri malgré l'Enfer qui les soutenoit, toutes ces branches séparées se sont séchées à mesure qu'elles ont quitté le tronc qui leur communiquoit sa séve; mais l'Eglise, toujours triomphante, a poussé par d'autres endroits pour réparer ses pertes. Celui qui la protege & la gouverne, ne l'a laissé passer par tant de périls & de contradictions, que pour mieux faire éclater la force de son bras & la vérité de ses promesses. Peut-on faire un meilleur usage de sa raison, que d'emprunter les lumières de cette grande Société dans le discernement des vérités de la Religion ? Ne doit-on pas se regarder mille fois plus assuré en les suivant, que si l'on s'abandonnoit aux foibles efforts d'une misérable raison ? L'étude de la Religion est sans doute l'action la plus grande, la plus importante & la plus difficile de la vie ; elle demande la plus grande & la plus sûre lumière que les hommes puissent avoir : ceux qui sont sincèrement occupés à cette recherche, doivent desirer de réunir en eux, s'il est possible, toutes les lumières d'un chacun : or c'est l'avantage que nous procure la voie de cette autorité ; elle prête & communique aux plus simples & aux moins éclairés des Chrétiens, la plus sûre & la plus grande lumière qui soit au monde, qui est celle de toute l'Église Catholique : & par-là ces simples se trouvent beaucoup au-dessus de ceux qui veulent se conduire par la seule lumière de leur esprit. Arrive-t-il des doutes & des disputes sur quelques points ? l'Église alors consulte sa tradition & tous les monumens de sa Foi : les simples, hors d'état d'examiner par eux-mêmes, le font beaucoup plus sûrement en s'appuyant sur le témoignage de l'Église.

Voilà les moyens que la bonté & la sagesse divine nous ont ménagés pour nous délivrer de ces terribles incertitudes où notre esprit, laissé à lui-même, ne peut manquer de tomber. Nous trouvons dans cette voie d'autorité, l'appui le plus solide pour fixer la légéreté & l'inconstance de notre esprit, pour dissiper nos ténèbres & nous préserver des écueils qui nous menacent de toutes parts : sa force soutient notre foiblesse, sa lumière devient la nôtre. Nous voyons par ses yeux, nous marchons sur ses pas, nous ne nous déchargeons du soin de notre conduite dans des chemins si difficiles, que pour nous reposer entiérement sur la sienne : si nous nous défions de nos propres lumières, c'est avec raison, mais nous n'avons aucun sujet de craindre pour celles de toute l'Eglise à laquelle nous sommes unis : elle a tout ce que nous pouvons désirer pour bannir tous nos doutes, réprimer toutes nos craintes. Pour peu qu'on fasse attention à l'état & à la condition des hommes, pourroit-on ne pas sentir combien cet ordre & ces dispositions de la Religion Chrétienne sont raisonnables & dignes de la sagesse de Dieu? Qui ne voit combien elles sont nécessaires pour unir les hommes, entretenir la paix & la concorde parmi eux ? Pour le mieux comprendre, qu'on envisage la Religion abandonnée aux lumières & à la raison des particuliers : chacun dès-lors prétendra mieux raisonner que les autres, avoir plus de lumières, être plus éclairé ; personne ne sera obligé ni ne voudra se soumettre à la raison des autres, tous auront droit de s'en méfier : ainsi l'on verra bien-tôt dans le monde autant de cultes & de Religions, que de raisonnemens différens.

Il en seroit à peu près de même, si Dieu, donnant sa révélation aux hommes, ne l'eût confiée qu'à chacun en particulier : tous ces particuliers expliqueroient & interpréteroient la révélation selon leurs caprices, leurs passions & leurs intérêts. Si, dans un Etat, les Loix étoient livrées aux in-

terprétations des particuliers, il en ré-
sulteroit un désordre universel dans la
Société : de même, si la révélation
étoit abandonnée aux idées d'un chacun, il en naîtroit la plus horrible
confusion dans les choses de la Religion; chacun prétendroit avoir la révélation pour soi, ou en supposeroit
une contraire à celle des autres ; nul
n'auroit droit de faire acquiescer les
autres à la sienne. A quelle marque
distingueroit-on ces révélations particulières de ses idées propres, & des
fausses vues de son esprit ? On ne
cesseroit de prendre pour instincts divins, les folies & les égaremens de
son imagination : le monde seroit
plein d'illuminés & de fanatiques,
qui, devenus le jouet de leur orgueil,
porteroient par-tout le trouble & le
désordre : sous prétexte d'établir leurs
révélations controuvées, ils ne cher-

cheroient qu'à faire des adorateurs de leurs illusions, de leurs rêveries, de leurs extravagances, & ne travailleroient qu'à établir leur propre culte sur les ruines du véritable. Nous n'en avons déja vu que trop d'exemples; & sans remonter si haut, les siécles derniers nous en fournissent de bien déplorables.

Il est donc clair que l'établissement de la vraie Religion exige l'établissement d'une autorité assez forte & assez considérable, pour pouvoir lier tous les membres dans un même culte & dans une même profession des vérités révélées : jamais, sans ce secours, il ne sçauroit y avoir un corps de Religion sur la terre : *Vera religio sine quodam gravi autoritatis imperio iniri rectè nullo pacto potest.* Aug. Jamais on ne pourroit former d'Etats & de Sociétés civiles, sans une autorité & un tribunal qui interprétât les Loix, veillât à leur conservation & à leur exécution, qui terminât les contestations & les disputes, & qui maintînt partout la paix & le bon ordre. Il en est de même de la vraie Religion : elle imite la nature, l'élève & la consacre. Il étoit donc nécessaire que Dieu, en l'établissant, établît aussi une autorité qui eût tous les caractères propres à se concilier & se soumettre tous les esprits. Il falloit, pour parer à tous les inconvéniens que nous venons de remarquer, que la Société assemblée par Dieu en corps de Religion, fût revetue de toute l'autorité nécessaire pour juger & décider tous les points révélés ; que son jugement eût toute la force nécessaire pour terminer les disputes & les différends qui pourroient s'élever. Il falloit, en un mot, pour prévenir tous les abus, que la révélation fût confiée à cette autorité ; qu'elle veillât sans cesse à sa conservation ; que son témoignage lui procurât en tout temps une autenticité irrévocable, & que sa décision, toujours irréfragable, en fût l'interpréte fidèle & toujours vivant. Ce n'est que par de tels moyens que la révélation pouvoit être transmise dans toute sa pureté d'âge en âge jusques dans les siécles les plus reculés, & que les hommes pouvoient être retenus dans l'unité d'une même Religion.

Telle est la sage providence de la Religion Chrétienne ; tel est l'ordre admirable qu'elle établit dans le monde, & la conduite pleine de sagesse de Dieu à l'égard des hommes ; telle est la tradition de nos pères, parvenue & gardée de siécle en siécle jusqu'à nous. Vouloir troubler cet ordre, & renverser ces dispositions de la Sagesse éternelle, c'est ouvrir une voie sacrilége pour arriver à la vraie Religion. Afin de s'en convaincre, qu'on parcoure toutes ces différentes Sectes qui ont eu la témérité de secouer le joug si légitime de l'autorité, & qui, comme Rousseau, n'ont plus voulu avoir que la raison pour guide.

A peine se sont-elles séparées de l'Eglise, où elles avoient pris naissance, qu'on les a vu renouveller toutes les erreurs des anciens Philosophes, & retracer presque toutes les abominations du Paganisme. La nature de Dieu, ses attributs, ses perfections, sa providence, les premiers principes des mœurs, tout a été renversé & confondu par ces injustes partisans de la raison humaine. Quelle affreuse peinture ne pourrions-nous pas faire ici de leurs extravagances, de leurs contradictions,

contradictions, de leurs impiétés ? Qui ignore quelles furent les horreurs des Gnostiques, les folies des Valentiniens, le fanatisme des Montanistes, les absurdités des Manichéens ?

Après que toutes ces Sectes ont eu la présomption de se séparer de l'Eglise, en combien de partis différens, distingués par autant d'opinions fausses & impies, chacune de ces Sectes ne s'est-elle pas ensuite divisée d'avec elle-même ? Que de Sectes sont nées d'une seule ! que d'assemblées particulières dans un même schisme ! quelle monstrueuse variété dans leur doctrine ! Le schisme leur tient lieu d'unité ; elles varient à l'infini, sans aucun respect pour leurs propres régles, chacun y tourne à sa fantaisie la doctrine qu'il y a apprise ; & comme celui de qui ils l'ont reçue, l'avoit composée selon ses caprices, ils s'arrogent à leur tour le droit d'y ajouter ou d'y retrancher comme il leur plaît. Voilà ce qui résulte nécessairement, dès qu'on ne veut avoir d'autre guide que sa raison. Tant il est vrai qu'il n'y a que l'autorité qui puisse fixer l'inconstance & la légéreté de la raison humaine, servir de frein à ses variations continuelles, & qui puisse, au milieu de tant d'incertitudes & d'écueils, lui frayer une voie sûre pour arriver à la vérité. Elle seule marche tranquille & assurée à travers les flots des opinions humaines : elle est comme une ancre immobile, qui retient & affermit de toutes parts notre esprit & notre raison.

A quoi vous exposez-vous donc, ame misérable, foible, & enveloppée des ténèbres de la chair ? A quoi vous engagez-vous, de vouloir vous conduite par vos propres lumières ? Avez-vous pensé à la témérité de votre entreprise ? Avez-vous bien considéré de quel avantage vous vous privez, en renonçant à l'autorité de l'Eglise, & à quel péril vous vous exposez, en vous mettant sous la conduite de votre propre raison ? Combien de personnes plus éclairées que vous se sont-elles perdues en suivant indiscrétement un si mauvais guide ? Et comment ne craignez-vous point de vous engager dans une route si pleine d'écueils, où vous ne voyez que des débris funestes & des marques de naufrage ?

Si, dans une profession, quelle qu'elle puisse être, dans tous les arts & toutes les sciences, même les plus faciles, les hommes ont besoin de maîtres & de guides pour en comprendre & pénétrer les objets ; si notre seule raison ne suffit pas pour y atteindre ; combien moins pourrons-nous, par les seules lumières de cette raison, nous ouvrir une entrée dans le sanctuaire si vaste & si profond des vérités divines ? Une recherche si difficile, n'exige-t-elle pas encore plus que nous ayons recours à une autorité sûre qui nous montre la voie que nous devons tenir ?

Tout se fait dans le monde par voie d'autorité ; elle est la baze & l'appui de la plûpart des choses humaines : l'autorité de ceux qui nous ont précédés & des Maîtres que nous avons eus, est la régle ordinaire que l'on suit. Tout périroit presque, si l'autorité ne servoit de suplément à l'insuffisance de notre raison. Nous n'avons acquis la plus grande partie de nos connoissances, que par le secours de l'autorité ; c'est elle qui tranfmet les arts & les fciences, d'âge en âge. Y avoit-il donc rien de plus naturel & de plus conforme à la manière dont les hommes fe comportent dans le cours ordinaire de la vie, que de confier l'homme à une autorité qui pût le conduire fûrement dans les chofes de la Religion ; qui commençât par jetter dans fon efprit & fon cœur les femences fécondes des vérités éternelles, pour le préparer à l'intelligence de l'immuable vérité ?

Puifque tous les hommes reconnoiffent univerfellement la néceffité d'une autorité pour les chofes d'un ordre naturel, peut-on raifonnablement la contefter pour celles d'un ordre divin & furnaturel, la connoiffance des premières étant fans contredit beaucoup plus facile à l'homme que celle des fecondes ? Peut-on pouffer l'orgueil & la témérité plus loin, que de prétendre se contenter ici de sa raison, mépriser les Livres faits pour nous instruire, & refuser d'écouter ceux que Dieu même nous a donnés pour nous les transmettre & nous les expliquer?

Nous avons déja vu que l'autorité est la seule voie proportionnée à tous les hommes, & la seule conforme à leur foiblesse. Mais elle a encore d'autres avantages: elle sert à les humilier salutairement; elle les éclaire sans satisfaire leur orgueil; elle les dirige sans les rendre présomptueux. En effet Dieu, par cette admirable voie, couvre son opération & sa conduite sous des voiles humains & sous les régles ordinaires de la prudence humaine. Il n'y a rien qui paroisse bien merveilleux, que Dieu préserve d'erreur dans les choses de la Religion, une Société qui possède la plus éminente autorité qui soit au monde ; qui dans son examen, suit tout ce que la raison peut prescrire ; qui apporte tous les soins possibles pour éviter l'erreur ; qui emploie tous les moyens, toutes les recherches & les discussions nécessaires pour former un bon jugement. Le miracle n'est pas ici visible, il est caché & conforme à la manière dont Dieu a coutume d'agir. Mais garantir de l'erreur chaque particulier qui, sans rapport avec qui que ce soit, pretendroit se conduire par les seules lumières de son esprit ; le miracle seroit ici trop sensible, ou plutôt ce seroit une multitude de miracles qui tendroient à fomenter l'orgueil & la présomption des hommes : au lieu de servir à leur guérison, ils ne feroient qu'augmenter leurs maladies ; & en élevant l'homme, ils le laisseroient retomber dans un abîme plus profond. Mais par la première voie, tout est admirablement disposé, tous sont également éclairés, tous sont mis de niveau, personne n'a sujet de s'élever, nul ne peut s'attribuer par préférence des lumières qui sont communes à tous ; nul ne peut s'en prévaloir & s'en glorifier, puisqu'il n'y a rien mis du sien, & qu'il les a puisées dans la source commune.

La voie de l'autorité est quelque chose de si naturel à l'homme, de si convenable à son état présent, que les Incrédules qui, dans tous les temps, ont voulu nous la faire mépriser & rejetter, pour nous ramener à la raison, y sont toujours nécessairement revenus. Ce n'a jamais été que pour la forme, qu'ils se sont flattés de conduire les hommes à la vérité par la raison : mais ils s'y sont vus obligés, parce qu'ils sentoient combien ils se rendroient méprisables, s'ils vouloient disputer avec l'Eglise Catholique par voie d'autorité, en comparant la leur à la sienne. Ils se sont donc efforcés de l'emporter sur cette autorité si solidement établie, par la vaine & folle promesse de tout trouver par les lumières de la raison : mais promesse de nom & sans effet ; promesse qui n'a d'autre fin que de faire illusion à ceux qui l'écoutent. Tous ces trompeurs ont bien vîte ramené leurs sectateurs à l'autorité. C'est sur leur autorité qu'ils leur ont même persuadé qu'il ne falloit pas se laisser conduire par l'autorité. C'est ensuite par la même autorité qu'ils les ont déterminés à croire certains articles & à en rejetter d'autres. Ainsi, en remontant jusqu'à l'origine de chaque Secte, on y verra que toutes ne se sont soustraites à une autorité si juste & si raisonnable, que pour en substituer une aussi déraisonnable que téméraire. Ce n'a été qu'un changement d'autorité ; l'autorité leur a donné naissance, l'autorité les a formées & soutenues tant qu'elles ont subsisté. Tant il est vrai que la voie de l'autorité est si naturelle & si nécessaire à l'homme, que ceux mêmes qui la rejettent & la combattent, ne sçauroient s'empêcher de la suivre.

Ne diroit-on pas, à entendre nos Incrédules, que ce sont des hommes qui ne se conduisent que par les seules lumières de la raison, & qui ne reconnoissent aucune autorité étrangère ? Qu'on les suive, qu'on les observe, l'on verra bien-tôt qu'ils ne sont incrédules que sur l'autorité de ces discours impies, prononcés devant eux d'un ton ferme & décisif, & qui ont subjugué leur raison. Quand ils nous débitent fièrement qu'il ne faut point se livrer à l'autorité humaine, c'est un langage qu'on leur a appris, & qui n'a d'autre fondement chez eux que l'autorité de quelque Incrédule dont ils ont reçu les leçons. Ces hommes, après avoir rejeté l'autorité la plus vénérable qui ait jamais paru sur la terre, se rendent les Disciples d'un nouveau venu qui, plus avancé qu'eux, est déja parvenu à étouffer tous les mouvemens de la nature & de la conscience. Ils courent à lui pour le consulter & l'entendre, afin de s'affermir sur sa parole dans une incrédulité que le libertinage a déja commencée. Ils cherchent dans une pareille autorité, des moyens & des ressources pour se délivrer du joug d'une autorité trop pénible à leurs passions. En faisant profession de ne déférer à aucune autorité, ils se laissent conduire par la plus méprisable qui fut jamais : en se glorifiant de ne rien croire que sur leur propre examen ; tout ce qu'ils croient ou qu'ils rejettent, n'est fondé que sur l'air & l'assurance du Maître dont ils prennent les leçons. Ils sont incrédules par autorité, comme ils nous accusent de croire sur la seule autorité ; mais avec cette étrange différence, que ces hommes qui ne trouvent point assez d'autorité dans le témoignage de tant de merveilles qui établissent l'autorité de l'Eglise, dans la tradition si respectable de ses Pasteurs, qui, sans interruption, nous ont transmis d'âge en âge le dépôt sacré de la Révélation ; ces hommes, par un prodige d'aveuglement, cherchent dans le témoignage de quelque homme obscur

& perverti, une autorité déplorable qui les endurcisse dans leur impiété, & qui les rende insensibles aux cris de leur conscience. Terribles, mais juste punition du refus que font les Incrédules de prendre, pour arriver à la vérité, la voie que Dieu lui-même nous a prescrite : ils aiment mieux tourner autour comme des aveugles, se précipiter dans les plus grands écarts, & donner aux hommes le plus funeste exemple de présomption, que de se mettre à couvert dans une retraite si sûre.

Mais voyons comment Rousseau, toujours aux prises avec lui-même, établit la nécessité d'une autorité pour régler les hommes sur la Religion. On sera étonné des prodigieuses contradictions où l'esprit de vertige le porte & l'entraîne. Il déclare dans une multitude d'endroits, qu'il veut

318 RÉFUTATION

mettre à l'écart toute autorité ; il fait tous ses efforts pour la combattre & la renverser : écoutons d'abord comment il déclame contre elle : » Cher- » chons-nous donc sincèrement la vé- » rité (*a*) ? ne donnons rien aux » droits de la naissance & à l'autorité » des Pères & des Pasteurs, mais rap- » pellons à l'examen de la conscience » & de la raison tout ce qu'ils nous » ont appris dès notre enfance. Ils » ont beau me crier : Soumets ta rai- » son : autant m'en peut dire celui qui » me trompe, il me faut des raisons » pour soumettre ma raison «.

On ne peut témoigner un mépris plus formel de l'autorité, & en détourner plus ouvertement les hommes. Mais voici la proposition contradictoire.

(*a*) Tom. III. p. 139.

« Par cela même, dit Rousseau (*a*), » que la conduite de la femme est » asservie à l'opinion publique, sa » croyance est asservie à l'autorité. » Toute fille doit avoir la Religion » de sa mère, & toute femme celle » de son mari. Quand cette Religion » seroit fausse, la docilité qui soumet » la mère & la fille à l'ordre de la » nature, efface auprès de Dieu le » péché de l'erreur. Hors d'état d'ê- » tre Juges elles-mêmes, elles doi- » vent recevoir la décision des pères » & des maris, comme celle de l'E- » glise...... Puisque l'autorité doit » régler la Religion des femmes, il » ne s'agit pas tant de leur expliquer » les raisons qu'on a de croire, que » de leur exposer nettement ce qu'on » croit ».

L'on ne pourroit se contredire plus

(*a*) Tom. IV. p, 77, 78.

grossièrement que le fait ici Rousseau. Dans le premier texte, toute espèce d'autorité est rejettée ; & toute la Religion est ramenée à la raison. Dans le second, au contraire, Rousseau rappelle à l'autorité tous ceux qui sont hors d'état de juger par eux-mêmes de la Religion. Sans doute qu'il aura senti combien il est absurde de vouloir conduire à la Religion tous les hommes par la voie du raisonnement. Mais il ne peut soumettre à l'autorité ceux qui sont hors d'état de juger par eux-mêmes des matières de la Religion, qu'il n'y soumette en même-temps tous les hommes en particulier : car les sçavans & les personnes capables de raisonner, passent par l'état des simples ; & avant de parvenir à celui où ils acquièrent des lumières & des connoissances, il s'écoule un long intervale, pendant lequel

quel ils ne peuvent juger par eux-mêmes ; il faut donc qu'ils soient soumis alors à l'autorité ; & lorsqu'ils sont arrivés dans un âge où ils peuvent juger & examiner, la même voie d'autorité ne leur est pas moins nécessaire, parce qu'il n'est aucun homme qui puisse par lui-même juger sûrement des points de la Religion.

Nous avons déja assez démontré, autant par expérience, que par les aveux de Rousseau, que l'esprit de l'homme, laissé à lui-même, n'est qu'un assemblage d'incertitudes, d'obscurités & de contradictions, & par conséquent que la voie d'autorité est la seule proportionnée aux hommes à tous égards : elle supplée à la foiblesse des petits, en prévenant leur désespoir : elle empêche que ceux qui se croiroient forts & en état de marcher seuls, ne soient aux autres un exemple funeste, & ne se perdent eux-mêmes par une audacieuse présomption : *Ut neque ille desperatione frangatur, neque iste præcipitetur audaciâ.* August.

Mais cette autorité si nécessaire à tous les hommes, n'est point celle de quelque particulier. Ce n'est pas, comme le veut Rousseau, celle du père ou de la mère, du mari ou de la femme : cette autorité est uniquement celle de l'Eglise. Et en effet, belle ressource pour les hommes, que l'autorité de quelque particulier qui peut aisément se tromper ou tromper les autres ! C'est vraiment alors qu'on pourroit répondre après Rousseau : » Un autre homme peut se tromper » aussi-bien que moi (*a*) : quand je » crois ce qu'il dit, ce n'est pas par- » ce qu'il le dit, mais parce qu'il le

(*a*) *Tom. III. pag.* 140.

» prouve «. Il faut donc, pour que les hommes soient en sûreté, & puissent soumettre leur raison légitimement, que l'autorité à laquelle ils sont obligés de déférer, ne puisse se tromper, & soit infaillible dans ses décisions & son enseignement. Or, ces qualités conviennent à l'Eglise exclusivement à tout autre. C'est, comme nous le verrons bien-tôt, le Tribunal que Dieu a établi pour juger & décider tout ce qui concerne la Religion. Aussi a-t-il revêtu son Eglise de tout ce qu'il faut, pour soumettre les esprits à ses décisions : elle seule étant munie d'une autorité infaillible, a moins besoin *d'expliquer à ses enfans les raisons qu'on a de croire, que de leur exposer nettement ce qu'il faut croire.*

C'est encore la soumission à l'autorité de l'Eglise, & non à celle des pères ou des maris, qui peut effacer auprès de Dieu le péché de l'erreur de celui qui se tromperoit sur quelque point de la Religion. Celui qui a sincèrement dans le cœur la volonté de préférer tout ce que l'Eglise croit & enseigne, à toutes ses idées, quoique ses sentimens ne soient pas entièrement sans erreur ; cependant, comme il ne s'appuie point sur ses propres lumières, & qu'il est persuadé que la doctrine de l'Eglise est toujours pure, & qu'elle ne peut se tromper dans ses jugemens, la disposition où il est de se soumettre pleinement, lorsque l'Eglise aura décidé les points sur lesquels il se trompe, excuse son erreur ; il ne cesse point d'être l'ami de la vérité ; il lui est uni par le désir qu'il a de l'apprendre, & par l'attachement qu'il conserve pour l'Eglise, qu'il regarde comme la demeure de la vérité & de l'unité. Aussi, dès que la décision lui est connue, il renonce avec joie & une humble docilité à son premier sentiment, pour embrasser & suivre celui que l'Eglise lui présente. Tel est l'avantage qu'on retire en se soumettant à l'autorité de l'Eglise. Mais il n'en est pas de même de celui qui soumet sa foi à l'autorité d'un père ou d'une mère, d'un mari ou d'une femme : il est comptable de toutes ses erreurs, parce qu'il a pris pour son guide une autorité que Dieu n'a point établie pour régler les sentimens de sa foi.

Où a pris Rousseau, que toute fille doit avoir la Religion de sa mère, & toute femme celle de son mari ? Sur quel fondement ose-t-il assurer, que quand cette Religion seroit fausse, la docilité qui soumet la mère & la fille à l'ordre prétendu de la nature, efface auprès de Dieu le péché de l'erreur ? Où est cet ordre de la nature, qui exige que la fille se soumette à la Religion de sa mère, & la femme à celle de son mari ? L'ordre de la nature est-il donc opposé à un autre ordre de la nature ? Or c'est un ordre de la nature, comme nous le prouverons bien-tôt à Rousseau, de suivre la vraie Religion, & de ne se soumettre qu'à elle. C'est un ordre de la nature, de ne jamais consentir & acquiescer à l'erreur & à la fausseté, & de n'honorer Dieu que par la vérité. La nature nous fait entendre que le mensonge ne peut plaire à Dieu, & qu'étant la vérité par essence, on ne l'honore aussi que par la vérité.

Mais Rousseau cherche, à son ordinaire, à tout confondre; & parce qu'il est de l'ordre de la nature qu'une fille soit soumise à sa mère, & une femme à son mari dans tout ce qui concerne les choses domestiques, & même dans tout ce qui n'est pas contraire à la Loi de Dieu, Rousseau en conclut que cette soumission doit s'étendre à la Religion même. Eh! n'est-il pas, avant tout, d'un ordre imprescriptible de la nature, que chacun soit soumis à Dieu & à ses Loix ? De ce premier ordre, tous les autres tirent leur origine, & tous lui sont subordonnés. Quoi donc! si le père ou le mari exigent des choses contraires à ce que Dieu nous impose & nous prescrit, ce sera suivre l'ordre de la nature de leur obéir ? Ce sera piété & religion, de soumettre Dieu à l'homme, de sacrifier l'obéissance qui lui est dûe, aux idées & aux caprices de ceux qui auroient autorité sur nous ? A quelle impiété, à quel comble d'irreligion une pareille Religion ne conduiroit-elle pas les hommes? L'idolatrie, les cultes les plus abominables, en feroient les suites naturelles : tout fe verroit dans la plus horrible confufion, & le monde feroit rempli d'autant de Religions fauffes & extravagantes, qu'il y auroit de familles, de chefs ou de maîtres. Tels font les moyens pleins de folie & d'impiété auxquels l'Incrédule eft obligé d'avoir recours pour combattre la vraie Religion. Nous aurons dans la fuite occafion de les réfuter plus au long. Rouffeau ne feroit-il pas mieux de dormir tout à fon aife, que de s'éveiller pour venir débiter des rêves auffi infenfés & auffi révoltans?

Confidérons ici un moment la folle & bizarre contradiction de Rouffeau. Cet homme ne veut d'abord aucune autorité; il fait tous fes efforts pour

ramener toute la Religion au raisonnement; il emploie tout l'artifice possible pour anéantir, autant qu'il est en lui, l'autorité de l'Eglise ; & bientôt après il porte l'absurdité, jusqu'à admettre l'autorité de toutes les Religions, jusqu'à prétendre qu'il faut *les respecter toutes (a), comme autant d'institutions salutaires qui prescrivent dans chaque pays une manière uniforme d'honorer Dieu par un culte public.*
» Je les crois toutes bonnes, ajoute-
» t-il (b), ... Je pense que solli-
» citer quelqu'un de quitter celle où
» il est né, c'est le solliciter de mal-
» faire, & par conséquent faire mal
» soi-même. En attendant de plus
» grandes lumières, gardons l'ordre
» public ; dans tout pays respectons
» les Loix, ne troublons point le culte

(a) *Tome III*, p. 184.
(b) *Ibid.* p. 190.

„ qu'elles prescrivent, ne portons
„ point les Citoyens à la désobéissan-
„ ce ; car nous ne sçavons point cer-
„ tainement si c'est un bien pour eux
„ de quitter leurs opinions pour d'au-
„ tres, & nous sçavons très-certai-
„ nement que c'est un mal de déso-
„ béir aux Loix ". Si Rousseau eût au moins suivi ces régles & ces principes, se fût-il déchaîné avec tant de fureur & d'impudence contre les *institutions* seules vraiment *salutaires* de la Religion Chrétienne ? Nous avons déja remarqué, qu'on ne détruit ordinairement l'autorité légitime de la vraie Religion, que pour en substituer d'autres aussi fausses qu'extravagantes. Rousseau nous fournit ici un déplorable exemple de cette vérité. Insensé, qui pousse la folie & l'impiété jusqu'à respecter les cultes les plus monstrueux & les plus indignes

de l'humanité, tandis qu'il ne témoigne que de l'horreur & du mépris pour l'autorité si respectable de l'Eglise & de la Religion Chrétienne ! Funeste, mais juste aveuglement d'un esprit qui se refuse à la lumière qui l'environne de toutes parts ! Terrible, mais salutaire exemple des périls que l'on court, & des égaremens où l'on tombe, lorsqu'on veut se conduire par les seules lumières de sa raison !

Pourrions-nous encore hésiter de nous réfugier dans le sein d'une Eglise, à qui Dieu a accordé tant de signes indubitables de sa conduite & de sa protection ? Qui osera disputer contre l'autorité si éminente que lui ont acquise le témoignage de tant de peuples, la succession non interrompue de tant de vénérables Pasteurs depuis les Apôtres jusqu'à nos jours ?

Fondée & établie fur la doctrine de Jefus-Chrift & de fes Apôtres ; cimentée & affermie par les fouffrances & le fang de tant de Martyrs ; relevée par l'éclat de tant de miracles opérés dans tous les temps ; célébrée par la vertu héroïque & la fainteté fi fublime d'un grand nombre de fes enfans ; toujours victorieufe de cette multitude d'ennemis différens foulevés contre elle, de tant de Sectes & d'Hérétiques conjurés contre leur mère, qui font tombés à fes pieds : que lui faut-il encore pour mériter notre déférence & notre foumiffion ? Quel genre de preuve peut-on exiger d'elle pour fe rendre, qu'elle ne préfente avec une évidence capable de vaincre les plus prévenus ? Lui refufer encore la primauté & la préférence fur fa raifon, c'eft le comble ou de l'impiété, ou de la plus orgueilleufe présomption. C'est porter au dernier dégré l'ingratitude pour les secours que la bonté divine a ménagés à notre foiblesse.

Mais quelle impression peuvent faire sur nos esprits les clameurs & les vaines déclamations de nos Incrédules ? Que sont-ils, si on les compare à l'autorité qu'ils osent mépriser & combattre ? Ils sont si peu de chose, si récens, si pleins d'extravagances & d'absurdités, si grands perturbateurs du bonheur & de la tranquillité des hommes, qu'ils ne sçauroient être pour nous d'aucun poids, ni mériter le moindre crédit sur nos esprits.

Achevons cependant de détruire les objections de Rousseau contre l'autorité de l'Eglise. ,, Nos Catholiques, ,, ajoute l'Incrédule (*a*), font grand

(*a*) *Tom. III, pag.* 164.

« bruit de l'autorité de l'Eglise ; mais
» que gagnent-ils à cela, s'il leur faut
» un aussi grand appareil de preuves
» pour établir cette autorité, qu'aux
» autres Sectes pour établir directe-
» ment leur doctrine ? L'Eglise déci-
» de que l'Eglise a droit de décider.
» Ne voilà-t-il pas une autorité bien
» prouvée ? Sortez de-là, vous ren-
» trez dans toutes nos discussions ».
C'est ici le dernier effort de l'Incrédule, pour renverser l'autorité de l'E-
glise. Mais nous allons bien-tôt voir
se dissiper & s'évanouir l'argument,
dont les partisans de Rousseau font
tant parade. Leur triomphe ne sera
pas de longue durée ; la force de la
vérité confondra sans peine tout l'artifice du sophisme de Rousseau. Non,
nous n'avons pas besoin d'un grand
appareil de preuves, pour établir l'autorité infaillible de l'Eglise. Rien de si

simple & de si court que la manière dont nous la démontrerons.

Il est faux que nous prouvions à l'Incrédule que l'Eglise a droit de décider, parce qu'elle décide qu'elle a ce droit. Quand nous soutenons l'autorité de l'Eglise contre les Protestans, nous leur prouvons que l'Eglise a droit de décider, parce que l'Eglise des premiers siécles, dont ils admettent l'autorité, s'est attribuée ce droit. Mais lorsqu'il est question de l'autorité de l'Eglise contre des hommes comme Rousseau, qui ne la reconnoissent en aucune manière, alors nous prenons une voie toute différente ; & c'est nous insulter grossièrement, d'avancer que nous soutenions contre les Incrédules, que l'Eglise a droit de décider, parce qu'elle a décidé qu'elle avoit ce droit. C'est une misérable pétition de principes, que nous défions Rousseau de trouver dans nos Apologistes. Mais voici les lumineux principes & les moyens invincibles que nous employons contre les Incrédules, pour leur prouver l'autorité infaillible de l'Eglise, & qu'elle a droit de décider.

Nous ne considerons point d'abord avec eux l'Eglise, comme une Société divine que Dieu a établie pour décider les matières de la Religion. Nous l'envisageons seulement comme une grande Société humaine qui subsiste depuis long-temps sans aucune interruption. C'est cette Société, si ancienne & si étendue, si bien instruite de ce qui la regarde, que nous appellons en témoignage des faits qui la concernent, des titres & des monumens qui l'établissent & qui forment sa constitution. L'Eglise, ainsi considérée, n'a aucun privilége surnaturel

turel ; elle a uniquement l'autorité qu'ont tous les peuples pour assurer la vérité des choses qui se sont passées parmi eux, & dont la mémoire s'est conservée d'âge en âge jusqu'à nous. De cette manière, l'Eglise subsistante depuis les Apôtres nous atteste que les Ecritures dont elle est dépositaire, sont aussi anciennes qu'elle-même. Elle nous assure que ces Livres ont réellement pour Auteurs, ceux dont ils portent les noms ; que ces Auteurs ou ont vu les choses qu'ils ont écrites, ou en ont été parfaitement instruits par des témoins oculaires ; que tout ce qu'ils ont écrit est de la dernière exactitude ; que ces Auteurs étoient connus, non-seulement pour être contemporains, mais encore comme des hommes que leur sainteté & les miracles sans nombre qu'ils opéroient, mettoient à l'abri du moindre soupçon, & rendoient parfaitement dignes de foi.

Cette Société nous apprend que déja subsistante & déja formée, lorsque ces Livres ont été composés, elle n'y a trouvé & reconnu que ce qu'elle croyoit déja, que les faits dont elle avoit été auparavant bien instruite & bien persuadée.

Le témoignage de cette Société ainsi présenté, n'a encore rien d'extraordinaire & de divin. Il ne tombe que sur la vérité & la certitude des Livres, & des faits de la Religion Chrétienne : mais aussi un pareil témoignage est supérieur à tout ce qu'on peut trouver en ce genre dans l'ordre naturel de la Société. C'est un témoignage rendu par un peuple entier, parfaitement instruit dès le commencement, & de son origine, & de la manière dont il s'est formé. C'est un peuple qui a toujours conservé précieusement ses titres primordiaux ; qui jamais n'a souffert dans aucun temps qu'on y fît le moindre changement, la moindre altération ; qui a voulu dès sa naissance, qu'en particulier comme en commun, on les lût, on les expliquât, & qu'on en conservât de fidelles copies. Sur un consentement si ancien, si uniforme, si universel, si éclatant, nous croyons & nous prétendons qu'on doit croire la vérité des Ecritures, & des faits qu'elles contiennent.

Ce fut ce consentement des peuples, qui détermina autrefois S. Augustin à croire la vérité de nos Livres, & à quitter la Secte des Manichéens, pour se soumettre à l'autorité de l'Eglise Catholique. » Je ne » me suis rendu, dit ce grand hom- » me, qu'au sentiment confirmé par

» le témoignage toujours soutenu des
» Peuples & des Nations, qui de tou-
» tes parts sont entrées dans l'Eglise
» Catholique. Je n'ai cru que sur un
» consentement si ancien, si unifor-
» me, si universel, si éclatant: *Hoc*
» *ergo credidi famæ celebritate, con-*
» *sensione, vetustate roborata* «. Voilà
précisément comment nous considé-
rons l'Eglise Catholique avec les Incrédules : c'est le témoignage des peuples, & rien de plus ; mais témoignage qui, quoique d'un ordre naturel,
suffit, comme nous l'avons déja dit
& prouvé plus haut, pour nous garantir la vérité de l'histoire de nos
Livres, & des faits qu'ils rapportent.

Jusques-là nous n'avons rien sup-
posé de divin dans nos Ecritures :
nous ne les avons pas regardées comme des Livres inspirés de Dieu, &

qui contiennent fa parole. Nous ne les avons envifagés que comme des Livres dont on recherche & dont on examine la vérité hiftorique ; dont on veut fçavoir s'ils font fuppofés ou certains, fi les événemens qu'ils renferment font vrais ou fabuleux, fi ceux qui paffent pour en être les Auteurs, les font effectivement. Mais, après avoir prouvé par le fuffrage & la tradition de tant de peuples, la vérité & la certitude de tous ces monumens, je dois en tirer les conféquences naturelles qui en réfultent.

Ces Livres font remplis des merveilles qu'ont opérées leurs Auteurs, pour établir la divinité de leur miffion. Par-tout ils fe donnent pour les Envoyés de Dieu, pour fes oracles & fes Prophetes ; ils fe déclarent être infpirés de Dieu dans tout ce qu'ils difent ; ils proteftent ne rien dire que

Y iij

de vrai, & leurs miracles en font foi. Je ne puis donc regarder ces Livres comme certains historiquement, sans reconnoître en même-temps la divinité de ces Livres, la sainteté de leurs Auteurs, la vérité de leur doctrine, & sans respecter leurs paroles comme celles de Dieu même.

J'examine ensuite dans ces mêmes Livres, ce qu'ils nous apprennent de la Société qui leur a rendu témoignage. J'y trouve que Jesus-Christ en est l'Instituteur ; que son Esprit en est l'ame ; qu'il doit être avec elle jusqu'à la fin des siécles ; qu'il ne permettra jamais que les portes de l'Enfer prévalent contre elle ; qu'elle est la colonne & la baze de la vérité ; que son Auteur l'a pourvue d'Apôtres, de Prophetes, d'Evangélistes, de Pasteurs & de Docteurs, afin que nous ne soyons point flottans à tout vent de doctrine. J'y lis que quiconque ne l'écoutera point, sera regardé comme un Payen & un Publicain; qu'elle jugera toute langue qui lui résistera, & qui s'élevera contre elle pour la juger; que toute Nation & tout Royaume qui ne lui sera pas assujetti, périra. Toutes ces choses & cent autres pareilles, qu'on trouve dans ces Livres reconnus pour divins, nous obligent ensuite de regarder à son tour cette Société comme une Société divine, à qui l'infaillibilité a été promise, & dont on ne peut rejetter l'autorité sans une criminelle présomption.

C'est alors que je cesse de regarder l'Eglise comme une Société purement humaine; je la vois revêtue d'une autorité divine. J'ajoute donc au témoignage qu'elle a rendu aux Ecritures, comme une Société aussi ancienne qu'elles & fondée sur elles, un autre témoignage d'un ordre plus excellent, qu'elle leur rend comme infaillible, & dépositaire de la révélation divine. Et c'est ainsi que par une suite nécessaire d'un raisonnement fort éloigné du cercle vicieux, l'Ecriture & l'Eglise se prouvent mutuellement.

C'est l'union parfaite de la raison & de l'Ecriture qui nous porte à nous soumettre à l'autorité de l'Eglise. La raison, parce qu'elle nous dit qu'il faut s'en rapporter au témoignage d'une aussi grande Société que l'Eglise, sur les faits qui constatent la divinité de nos Ecritures ; & ces mêmes Ecritures, parce qu'elles nous apprennent ensuite que l'Eglise est un Tribunal toujours infaillible pour décider de tous les points qui appartiennent à la révélation. Nous ne prouvons donc pas, comme le prétend Rousseau, que l'Eglise a droit de décider, parce qu'elle a décidé qu'elle avoit ce droit; mais nous montrons auparavant, qu'elle a été fondée à décider qu'elle avoit ce droit; & après avoir établi le fondement de sa décision, cette même décision nous fournit ensuite une nouvelle preuve de son droit.

Pour rendre plus sensible tout ce que je viens de dire, il est à propos d'employer une comparaison qui servira à dissiper toutes les mauvaises chicanes de l'Incrédule. Dans un Etat, c'est la Société qui rend témoignage à la vérité des Loix; c'est elle qui en assure l'existence & l'autenticité: arrive-t-il quelque différend sur la nature, les prérogatives & la constitution d'un Etat? La Société qui le compose, atteste la vérité des Loix sur lesquelles elle est fondée. Après donc s'être assuré par ce témoignage irréfragable de la certitude de ces Loix, on les consulte pour apprendre quels sont les droits de cette Société qui leur rend témoignage ; & quel doit être la forme de son gouvernement. Appliquons ceci à l'Eglise.

L'Ecriture est à l'Eglise ce que la Loi est à l'Etat. Comme l'Etat atteste l'autenticité des Loix de la Société, l'Eglise atteste l'autenticité & la vérité des Ecritures. Pour connoître la constitution & les prérogatives de l'Etat, nous recourons aux Loix, après nous être assurés de leur existence par le témoignage de la Société qui compose l'Etat ; de même, pour découvrir les droits & les qualités de l'Eglise, nous consultons l'Ecriture dont la vérité nous est garantie par la tradition & le témoignage de cette Société qui compose l'Eglise. C'est dans ces archives de la législation divine, que nous apprenons ce qu'est l'Eglise, quelles sont les prérogatives qui lui conviennent. Ce n'est pas cette Société qui donne aux Ecritures leur autorité ; ce n'est point elle qui imprime sur ces Livres le caractère de divinité dont ils sont revêtus ; mais elle atteste seulement la vérité des faits qu'ils contiennent, & cette vérité démontre la divinité de ces Livres : par conséquent il n'y a point de cercles vicieux dans la manière dont nous prouvons la divinité des Ecritures & l'autorité de l'Eglise. Ces deux témoignages réciproques que se rendent les Ecritures & la Société qui les conserve, sont d'un ordre très-différent. Le témoignage dont nous nous servons pour prouver à l'Incrédule la certitude de nos Ecritures, n'est point, comme nous l'avons déja vu, d'un ordre surnaturel & divin. Il consiste simplement dans une tradition publique & perpétuelle, attestée par tout le corps de la Société, visible dans tous les siécles, & qui remonte évidemment jusqu'à la première origine de la Société & des Ecritures. Mais une pareille tradition est d'une force infinie pour établir l'antiquité des Ecritures, leur vérité historique, dont leur autorité divine résulte nécessairement. L'autorité de ces Livres ainsi démontrée, nous prouve ensuite l'autorité infaillible de l'Eglise; & le droit qu'elle a de décider.

L'autorité de l'Eglise une fois établie sur de si solides fondemens, toutes les objections de Rousseau, les difficultés qu'il a cherché à grossir & à exagérer, viennent échouer & se briser contre l'immobilité de cet édifice. Rousseau l'a bien senti, puisqu'il n'a travaillé, comme nous venons de le voir, à nous enlever cette autorité, que pour nous faire retomber dans toutes les difficultés communes aux Sectes particulières. *Sortez de-là, nous a-t-il dit en parlant de l'autorité de l'Eglise, vous rentrez dans toutes nos discussions.* Mais nous n'en sortirons pas, parce que nous venons de prouver combien notre attachement à cette autorité est solidement fondé. Nous sommes donc exempts d'entrer dans toutes les discussions où Rousseau voudroit nous entraîner.

Dès que je suis assuré de l'infaillibilité de l'Eglise, je n'ai plus besoin de cette immense érudition (a) que Rousseau juge nécessaire pour l'examen de la Religion Chrétienne, pour remonter dans les plus hautes antiquités, pour examiner, peser, con-

(a) *Tom. III. p. 141.*

fronter les prophéties, les révélations, les faits, tous les monumens de foi proposés dans tous les pays du monde, pour en affigner les temps, les lieux, les auteurs, les occafions. Je n'ai plus besoin d'une auffi grande justeffe de critique que Rouffeau juge néceffaire à chacun pour diftinguer les piéces autentiques des piéces fuppofées ; pour comparer les objections aux réponfes, les traductions aux originaux ; pour juger de l'impartialité des témoins, de leur bon fens, de leurs lumières ; pour fçavoir fi l'on n'a rien fupprimé, rien ajouté, rien tranfpofé, changé, falfifié ; pour lever les contradictions qui reftent ; pour juger quel poids doit avoir le filence des adverfaires dans les faits allégués contre eux ; fi ces allégations leur ont été connues ; s'ils en ont fait affez de cas pour daigner y répondre; si ces Livres étoient assez communs pour que les nôtres leur parvinssent; si nous avons été d'assez bonne foi pour donner cours aux leurs parmi nous, & pour y laisser leurs plus fortes objections telles qu'ils les avoient faites.

Toutes ces difficultés qui n'ont que l'artifice & la mauvaise foi pour principe, & quantité d'autres aussi méprisables, ne doivent plus m'arrêter, dès que j'ai découvert l'autorité de l'Eglise. J'ai tout trouvé en elle; c'est une voie abrégée qui me délivre de ce labyrinthe où l'Incrédule voudroit me faire passer; je suis dispensé d'entrer dans toutes ces *horribles discussions* où il voudroit me jetter pour m'effrayer, dès que j'ai reconnu le moyen qui m'en débarasse: *Autoritati credere, magnum compendium & nullus labor.*

Cette autorité sur laquelle je me repose, a fait pour moi beaucoup plus sûrement & plus exactement que je ne l'aurois pu, toutes les recherches & les examens nécessaires. En m'appuyant sur son témoignage, je remonte par elle dans la plus haute antiquité. J'examine, je pése, je confronte les prophéties, les révélations, les faits, & tous les monumens de foi proposés dans tous les pays du monde, parce que cette autorité a fait toutes ces choses dans tous les tems d'une manière qui ne me laisse aucun doute. Toujours subsistante, elle m'en assigne les tems, les lieux, les auteurs, les occasions, parce qu'elle en a conservé la mémoire par une tradition non-interrompue. Je n'ai plus besoin d'une grande justesse de critique pour distinguer les piéces autentiques des supposées, pour sçavoir

voir si l'on n'a rien supprimé, rien ajouté, rien transposé, changé, falsifié. La vigilance de l'Eglise, son attention scrupuleuse, sa fidélité, l'envie même de ses ennemis, qui n'auroient pas manqué de lui reprocher publiquement les altérations & des falsifications, si elle en eût souffertes quelques-unes, l'impossibilité qu'il y auroit eu de falsifier ou d'altérer cette multitude d'exemplaires des Livres saints qui se sont faits dès le commencement dans toutes les langues & tous les pays; ces raisons dissipent sans peine toutes mes craintes, & me garantissent l'intégrité du dépôt qui lui a été confié.

Les promesses de Dieu à son Eglise, l'idée que j'ai de sa sagesse, ne me permettent pas le moindre soupçon sur la pureté de tous ces monumens. Quoi! Dieu auroit instruit les hommes de ses volontés, il auroit établi une Religion, sans penser à la maintenir? Il auroit jugé la révélation nécessaire, & il en auroit négligé la conservation? Il auroit laissé altérer les monumens où il nous ordonne d'apprendre à le connoître, & il permettroit que les hommes puissassent l'erreur & le mensonge dans ces sources mêmes où il leur commande de chercher la vérité? Ne nous auroit-il pas tendu des piéges? Ne nous auroit-il pas induits en erreur, s'il eût souffert que dans des Livres revêtus de toute son autorité par le témoignage qu'il leur a rendu, le vrai fût confondu avec le faux, & sa parole melée avec les fictions des hommes? Il étoit donc essentiel à la divine Providence de prendre un soin particulier des Livres que son Esprit avoit inspirés. En donnant la révélation, elle s'étoit engagée à la préserver des atteintes qu'elle auroit pu recevoir de la fragilité ou de la malice des hommes.

Toutes ces raisons me confirment encore la nécessité de l'autorité infaillible de l'Eglise. Puisqu'il est de la sagesse de Dieu de maintenir dans toute sa pureté la révélation qu'il a donnée aux hommes ; il faut donc que ceux à qui il en a confié la garde, ne puissent errer dans tout ce qui concerne ce dépôt. Si la Société à qui il est confié, pouvoit errer ; si elle pouvoit se tromper, soit lorsqu'elle certifie dans ses décisions que tel ou tel point appartient à la révélation ; soit lorsqu'elle déclare que tel autre n'en fait pas partie ; dès-lors le dépôt de la révélation cesseroit d'être inaltérable, & Dieu n'auroit point suffisamment pourvu à sa conservation. Par conséquent il est nécessaire que l'Eglise soit infaillible dans les jugemens qui concernent la révélation ; & comme cette infaillibilité ne peut venir que de Dieu, il est clair que tous les jugemens de l'Eglise sur les points révélés, sont ceux de Dieu même : s'y soumettre, c'est obéir à Dieu qui communique à l'Eglise son autorité.

Mais pour faire mieux sentir la protection visible que Dieu n'a cessé d'accorder aux Livres qu'il avoit fait écrire, qu'on jette les yeux sur cette multitude de copies ou de traductions qui en ont été faites dans les différens temps. On y trouvera, il est vrai, des variétés ; mais qui ne tombent point sur le fond des choses. De toutes les versions, de tous les textes, quels qu'ils soient, il en résulte toujours les mêmes loix, les mêmes miracles, les mêmes prédictions, la même suite d'histoire, le même corps de doctrine, en un mot la même substance. Ainsi ce qui est essentiel dans les Livres sacrés, est toujours demeuré inaltérable. Les diversités des textes, d'ailleurs peu importantes, ne servent qu'à montrer la grande & vénérable antiquité de ces saints Livres. D'où viennent-elles, en effet, sinon de la multitude des copies qui s'en sont faites depuis tant de siécles, du peu de connoissance de la langue originale qui avoit cessé d'être commune; du changement que la longueur du temps a apporté dans les lieux où s'est trouvé le peuple Juif ; de l'obscurité qu'elle a répandue sur des généalogies si anciennes dont on a perdu le fil, de l'oubli des dates & des faits si reculés, qu'ils ont échappé à la mémoire des hommes ? Il en est de même des versions : elles prouvent encore combien la langue des Ecritures est ancienne, puisqu'on en a perdu toute la délicatesse, & qu'on ne sçauroit en rendre toute l'élégance & toute la force dans la dernière exactitude. Les variantes survenues dans le texte font encore voir le religieux respect qu'on a toujours eu pour ces saints Livres. On a mieux aimé les donner telles qu'on les trouvoit, que de prendre la liberté d'y changer ou corriger ce qui pouvoit embarasser. De tant d'endroits qui peuvent causer de la difficulté ou de l'obscurité, jamais on n'a osé en rétablir un seul par raisonnement ou par conjectures. On a toujours suivi exactement la foi des exemplaires; & comme l'immobilité de la tradition n'a jamais permis que la saine doctrine fût altérée, on a cru avec raison que les autres fautes, s'il en restoit, ne serviroient qu'à prouver qu'on n'a rien innové par son propre esprit. La diversité de quelques textes pourra-t-elle nuire ensuite à la divinité des saints Livres, & la divine Providence n'a-t-elle pas fait pour eux tout ce que nous pouvions désirer, en en conservant le fond inaltérable ?

Toutes ces raisons suffisent pour répondre à la question que fait Rousseau : *Qui m'assurera*, dit-il, *que ces Livres sont fidélement traduits, qu'il est même impossible qu'ils le soient.* (a) ? Non, il n'en faut pas davantage pour répondre de l'entière fidélité de ces traductions, que la conformité qu'elles ont entre-elles sur le fond des choses. D'où leur peut-elle venir, si ce n'est de la ressemblance qu'elles ont toutes en ce point avec l'original d'où elles sont sorties comme de leur source ? Enfin

(a) Tom. III, p. 163.

l'autorité infaillible de l'Eglife, qui ne peut admettre que des traductions fidèles quant au fond, eſt pour nous un ſur garant de la fidélité de toutes celles qu'elle approuve & qu'elle autoriſe.

Avec le ſecours & l'aſſurance d'une pareille autorité, a-t-on beſoin de s'arrêter à tous ces minutieux détails de difficultés, que Rouſſeau n'entaſſe que pour éblouir l'eſprit de ſes Lecteurs? Dois-je me mettre en peine de juger quel poids doit avoir le ſilence des adverſaires dans les faits allégués contr'eux ? Et d'ailleurs, peut-on douter que tous ces faits ne leur aient été connus ? N'en ont-ils pas fait mention eux-mêmes ? Ne leur ont-ils pas donné un nouveau relief par le témoignage que l'évidence les a forcés d'y rendre ? Je ne cherche point, dit Celſe en parlant des

Chrétiens (*a*), je ne cherche point à fçavoir ce qu'ils penfent ; car j'ai tout connu & tout découvert : *Non quod fcire quæram quid fentiant, nam omnia novi.* Celfe ne contefte point aux Chrétiens la vérité des faits dont ils s'autorifent, & la manière dont il cherche à les expliquer, ne tend au contraire qu'à leur donner un nouveau dégré d'évidence. Julien l'Apoftat, qui n'a auffi rien ignoré, ni rien omis de ce qui pouvoit fervir à décrier la Religion Chrétienne, n'a jamais de même ofé accufer de fuppofition ces faits, & les monumens qui les contiennent. Ainfi leur certitude fe trouve conftatée autant par le confentement unanime des Fidèles, que par celui des Payens & des Hérétiques. Mais en outre, les conféquences de ces faits dépendent-elles

(*a*) *Apud Origenem.*

de la connoissance qu'ont pu en avoir les adversaires de la Religion Chrétienne ? Ne peuvent-ils pas, indépendamment de leur témoignage, avoir toute la certitude nécessaire ? Ces faits ne sont-ils pas par eux-mêmes décisifs & triomphans ? Belle critique ! belle manière de raisonner ! Pour que des faits soient concluans, il faudra que les adversaires les aient connus, combattus, réfutés, & que nous sçachions tout ce qu'ils ont eu à y opposer.

L'attestation de ceux qui les ont vus, des peuples innombrables qui les ont crus, la tradition si constante & si universelle qui en a perpétué la mémoire, ne suffisent-elles pas pour les rendre indubitables ? Eh quoi ! si ces faits eussent subjugué l'esprit de tous les hommes, & n'eussent laissé après eux aucun adversaire, faudroit-il cesser de les croire ? Combien ces faits n'ont-ils pas détruit d'oppositions ? Combien d'hommes n'ont-ils pas attirés à la Religion Chrétienne, qui en étoient auparavant les ennemis implacables ? Le témoignage de ces hommes, qui n'ont été forcés & vaincus que par l'évidence, n'est-il pas bien supérieur à la résistance des autres, qui n'ont jamais, comme Rousseau, que des injures, des calomnies, de mauvais sophismes à opposer à des preuves si éclatantes ?

Qui peut douter que nos Livres n'aient été assez communs, pour qu'ils pussent être connus de tout le monde ? La multitude de copies, de traductions qui en ont été faites dès le commencement, en facilitoient à tous la connoissance & la lecture. Aussi Celse, Porphyre, Julien en ont-ils fait usage dans leurs Livres contre les

Chrétiens. Ces actes de notre Religion ont été publiés par toute la terre. Les circonstances des temps, des personnes & des lieux en ont rendu l'examen facile à tous. Le monde s'est informé, le monde a cru, & pour peu qu'on considere la manière dont la Religion Chrétienne s'est répandue & accréditée, n'est-on pas forcé de convenir que jamais affaire n'a été jugée avec plus de maturité & de précaution, plus de connoissances & de réflexions?

Rousseau doute si nous avons été *d'assez bonne foi pour laisser* dans les Livres de nos adversaires *leurs plus fortes objections telles qu'ils les avoient faites.* Il voit bien que toutes les objections qui subsistent contre la Religion Chrétienne, n'ont rien de satisfaisant. Ainsi, pour s'entretenir dans son incrédulité, il aime à supposer qu'il y en avoit de plus fortes, que nous avons retranchées. Mais sur quel fondement ? Pour accuser la bonne-foi de l'Eglise Chrétienne, ne faudroit-il pas avoir en main quelques preuves d'une accusation si grave & si injurieuse ? Il faudroit trouver quelque Auteur ancien qui se fût plaint de la fraude prétendue, pouvoir produire quelque original de ces Ouvrages, où on trouvât des objections de conséquence qui fussent supprimées dans les copies. Mais sans preuves, sans le plus léger indice, former un pareil soupçon contre une Société qui a donné tant de marques de sa sincérité & de sa bonne-foi ; quelle impudente témérité ! Qu'auroit gagné la Religion Chrétienne à supprimer les objections de ses adversaires ? L'Incrédule, toujours attentif, n'auroit pas manqué de réparer & de conserver de son côté, ce qu'elle auroit voulu détruire du sien. D'ailleurs, quel intérêt auroit eu la Religion Chrétienne pour agir ainsi ? Elle qui a toujours défié ses adversaires, qui les a toujours provoqués au combat, a-t-elle jamais redouté leurs objections ? N'étoit il pas avantageux pour elle de les laisser subsister ? C'étoit autant de monumens de ses victoires & de son triomphe ; &, comme il est toujours arrivé, les objections qu'on formera contre elle, tourneront toujours à sa gloire & à la confusion de l'incrédulité.

Rousseau nous fait bien voir qu'il n'a rien de solide à alléguer contre la Religion Chrétienne : il se croit bien fort quand il a affecté une multitude de doutes contre des points de la dernière évidence, & tâché de répandre un pyrrhonisme extravagant sur les objets les plus certains. Qu'il multiplie tant qu'il voudra les chicanes & les difficultés qu'il en rassemble de toutes parts ; le Fidèle convaincu de l'autorité infaillible de l'Eglise, que nous avons démontrée, ne s'en mettra point en peine. Quand même il n'auroit pas assez de lumières pour les résoudre, sa foi seroit toujours assez ferme pour s'en mocquer : *Hæc & si ratio refutare non posset, fides tamen irridere deberet.* S. Aug.

Assurément la plus grande grace qu'on puisse faire à Rousseau, c'est de payer d'un souverain mépris ses calomnies, son ignorance, sa mauvaise foi, ses absurdités, ses sophismes, ses contradictions grossières.

Rousseau accuse d'absurdité les décisions de l'Eglise ; mais sans en articuler aucune, sans aucune preuve, sans démontrer en quoi consistent ces absurdités. Ce sont toujours les allé-

gations vagues d'un homme qui est dans l'impossibilité d'établir ce qu'il avance ; mais qui veut toujours débiter ses impostures & ses calomnies, parce qu'il espère qu'elles feront au moins impression sur quelques-uns, disposés à le croire sur sa parole. « Ce qui redoubloit mon em-
» barras, nous dit-il (a), étoit,
» qu'étant né dans une Eglise qui dé-
» cide tout, qui ne permet aucun
» doute, un seul point rejetté, me
» faisoit rejetter tout le reste, & que
» l'impossibilité d'admettre tant de
» décisions absurdes, me détachoit
» aussi de celles qui ne l'étoient pas.
» En me disant : Croyez tout, on
» m'empêchoit de rien croire, & je
» ne sçavois plus où m'arrêter ».
Nous défions Rousseau de nous montrer la moindre absurdité dans les dé-

(a) Tom. III, p. 27.

cifions de l'Eglife. Quand il fera affez hardi pour l'entreprendre, nous nous engageons de notre côté à lui faire voir que ces prétendues \absurdités font autant de vérités capitales & effentielles. On fent bien que ce n'eft point ici le cas de difcuter toutes les décifions de l'Eglife, cette entreprife nous méneroit trop loin; il faut auparavant que Rouffeau nous affigne celles fur lefquelles il prétend faire retomber fon accufation, & qu'il établiffe fes moyens. L'infaillibilité de l'Eglife dans fes décifions fur les points de la révélation que nous avons démontrée, nous garantit d'avance l'exactitude & la vérité fans mélange de toutes fes décifions.

Rouffeau, fans y penfer, a rendu lui-même témoignage à la pureté de ces décifions. » Quand (*a*) vous avez

(*a*) *Tom. III. p. 160.*

II. Partie.   A a

» voulu, dit-il à son Elève, juger de » la Foi Catholique sur le Livre de » Bossuet, vous vous êtes trouvé loin » de compte, après avoir vécu parmi » nous. Vous avez vu que la doctri- » ne avec laquelle on répond aux Pro- » testans, n'est point celle qu'on en- » seigne au peuple, & que le Livre » de Bossuet ne ressemble guère aux » instructions du Prône «. Parler ainsi, n'est-ce pas reconnoître bien nettement que la doctrine contenue dans l'Exposé du grand Bossuet est exacte & irrépréhensible? N'est-ce pas déclarer qu'il faut supposer à l'Eglise une autre doctrine que celle-là, pour y trouver des absurdités? Or c'est une nouvelle calomnie de la part de Rousseau, d'oser prétendre qu'on se trouve loin de compte, lorsqu'on veut juger de la Foi Catholique sur le Livre de Bossuet. C'est un mensonge d'avancer que la doctrine avec laquelle on répond aux Protestans, n'est point celle qu'on enseigne au peuple; & que le Livre de Bossuet ne ressemble guère aux instructions du Prône. Que Rousseau parcoure les Catéchismes, les Livres d'instructions que l'Eglise met entre les mains des peuples, & il aura la confusion d'y voir l'identité de leur doctrine avec celle de l'exposé de Bossuet, & celle dont on se sert pour répondre aux Protestans. Jamais l'Eglise n'a eu deux doctrines; son caractère essentiel est de n'avoir qu'une Foi; la doctrine qu'elle a défendue contre ses ennemis, est la même qu'elle enseigne à ses enfans: c'est l'unique qu'elle leur ordonne de croire: & nous disons avec elle anathème à quiconque annonceroit une doctrine différente. Celle qu'elle prescrit à ses Ministres d'enseigner aux peuples dans leurs Prônes comme ailleurs, est aussi la même. Si quelquefois ils s'en sont écartés, la sévérité avec laquelle elle les a repris & condamnés, montre clairement qu'elle désavouoit une pareille doctrine, qu'elle étoit étrangère à la sienne, & qu'elle n'approuvera jamais deux doctrines contradictoires.

Qui peut ignorer que la doctrine de l'Eglise ne dépend point de ce que quelques particuliers pourroient débiter dans leurs Prônes ? Ils peuvent se tromper & s'écarter ; mais l'Eglise n'est point responsable de leurs erreurs, parce qu'elle ne leur a pas donné la commission de les enseigner ; qu'elle les condamne d'avance, & que sa foi de tous les temps & de tous les lieux réclamera toujours contre ces innovations. C'est ainsi que dans un Etat, on n'impute au corps que ce que ses Députés ont commission de dire & de faire : s'ils s'en écartent, dès-lors ils cessent d'être avoués par la Société qui les a commis, & ils n'agissent plus que comme de simples particuliers.

Rousseau fait encore dire à son Vicaire Savoyard, qu'il introduit sur la scène : » Dans mes instructions (*a*), » je m'attacherois moins à l'esprit » de l'Eglise, qu'à l'esprit de l'E- » vangile «. Que Rousseau qui, pour mieux insulter à l'Eglise, feint d'exalter l'Evangile, auquel il ne croit pas davantage, apprenne de cet Evangile, que l'Esprit qui l'a dicté, est le même qui régit & gouverne l'Eglise. C'est cet Esprit que l'Evangile lui promet pour être avec elle jusqu'à la consommation des siècles. *Je prierai mon Père*, dit Jesus-Christ dans son Evan-

(*a*) *Tom. III pag.* 189.

Bile, *& il vous donnera un autre Con-*
solateur (a), *qui est l'Esprit de vérité,*
afin qu'il demeure éternellement avec
vous. Voilà l'Esprit qui anime l'E-
glise, qui agit continuellement en
elle ; & peut-elle en avoir un autre,
puisque Jesus-Christ & son Eglise ne
forment qu'un même corps dont il est
le Chef : *Christus caput est Ecclesiæ,*
ipse Salvator corporis ejus (b) ? Or le
corps peut-il être animé d'un autre
Esprit que son Chef ? *Allez*, dit Jesus-Christ à ses Apôtres, en les envoyant prêcher l'Evangile par toute la
terre, *& soyez assûrés que je serai avec*
vous jusqu'à la consommation des siè-
cles. Promesse que Jesus-Christ a ac-
complie en envoyant son Esprit le jour
de la Pentecôte, pour former son
Eglise, en être l'ame, la force & le

(*a*) *Joan.* 14.
(*b*) *Ephes.* 5.

foutien. Auſſi combien de marques éclatantes n'a-t-il pas donné à cette Egliſe de ſon aſſiſtance & de ſa protection dans tous les événemens critiques où elle a pu ſe trouver ? C'eſt par le don de cet Eſprit, & les ſecours qu'il lui prête ſans ceſſe dans ſes beſoins, que Jeſus-Chriſt réprime les efforts de l'Enfer contre l'Egliſe, & qu'il ſe montre fidèle à la promeſſe qu'il lui a faite, que les portes de l'Enfer ne prévaudroient jamais contre elle. Si l'Eſprit de l'Evangile, ou, ce qui eſt la même choſe, ſi l'Eſprit de Jeſus-Chriſt ceſſoit d'être celui de ſon Egliſe, dès-lors les portes de l'Enfer prévaudroient contre elle, & la vérité ſeroit convaincue ou de menſonge ou d'impuiſſance. Mais non ; cet Eſprit ne l'abandonnera jamais ; il lui enſeignera toujours toute vérité : *Docebit vos omnem veritatem* ; il la préservera toujours de toutes les illusions de l'erreur & du mensonge; & l'Eglise, toujours dirigée par cet Esprit de vérité, pourra dire après ses Fondateurs, dans son enseignement public comme dans toutes ses décisions: Il a plu au Saint-Esprit & à nous: *Visum est Spiritui Sancto & nobis.*

Quelle ignorance, ou quelle mauvaise foi dans Rousseau, de mettre une différence entre l'Esprit de l'Evangile & l'Esprit de l'Eglise! S'il avoit lu les Livres saints avec un amour sincère du vrai, n'auroit-il pas vu dans une multitude d'endroits, que l'Eglise est l'Epouse chérie de Jesus-Christ; qu'il l'a choisie pour la purifier & la sanctifier par la vertu de son Esprit, qu'il en est à jamais le Chef; qu'elle ne cessera pas d'être son corps, & que par conséquent les influences de ce divin Chef se répandront toujours dans les différens membres qui composent cet admirable Corps mystique, & que l'Esprit du Chef animera & gouvernera toujours le Corps auquel il s'est uni. Il est vrai que tous les membres de l'Eglise ne participent pas à cet Esprit qui en est l'ame, de même que dans le corps humain, il arrive souvent que plusieurs de ses membres n'ont aucune part à la vie que l'ame communique aux autres : mais comme l'ame qui donne la vie, ne se retire pas d'un corps, quoique plusieurs de ses membres soient déja morts ; ainsi l'Esprit Saint qui est l'ame de l'Eglise, ne s'en sépare pas, quoiqu'une partie des membres qui la composent ne participent plus aux influences qu'il répand dans les autres.

Rousseau cherche de tous côtés des

moyens pour étayer fon incrédulité, & il faut bien qu'il en foit dénué, pour oppofer l'Eglife à l'Evangile qui ne ceffe d'en relever l'éclat, de nous inculquer fon autorité divine, & de nous y rappeller. Mais tout eft bon à Rouffeau, il ne croit pas plus à l'Evangile qu'à l'Eglife: cependant il s'en déclare le défenfeur, dès qu'il efpère en retirer quelque avantage. Tel eft le caractère de Rouffeau: Proteftant, quand il s'agit de combattre l'Eglife Catholique; Juif, lorfqu'il eft queftion d'attaquer les Chrétiens Proteftans; Mahométan, lorfqu'il veut renverfer la Religion des Juifs; de toutes les Religions, fans en admettre aucune, feignant de les refpecter toutes, pour les anéantir en les mettant toutes aux prifes les unes avec les autres, afin d'élever fur leurs ruines l'incrédulité la plus complette,

& le Pyrrhonisme le plus universel.

„ Nous avons, dit Rousseau (*a*),
„ trois principales Religions en Euro-
„ pe : l'une admet une seule révéla-
„ tion, l'autre en admet deux, & l'au-
„ tre en admet trois. Chacune déte-
„ ste, maudit les deux autres, les ac-
„ cuse d'aveuglement, d'endurcisse-
„ ment, d'opiniâtreté, de menson-
„ ge. Quel homme impartial osera ju-
„ ger entre-elles, s'il n'a première-
„ ment bien pesé leurs preuves, bien
„ écouté leurs raisons ? Celle qui n'ad-
„ met qu'une révélation, est la plus
„ ancienne & paroît la plus sûre ;
„ celle qui en admet trois est la plus
„ moderne, & paroît la plus consé-
„ quente ; celle qui en admet deux &
„ rejette la troisiéme, peut bien être
„ la meilleure ; mais elle a certaine-
„ ment tous les préjugés contre elle ;

(*a*) Tom. 3, p. 162.

» l'inconséquence saute aux yeux «. C'est ainsi que Rousseau travaille à renverser ces trois Religions, en opposant l'une à l'autre. Il donne à la première l'antiquité, & la représente comme la plus sûre ; à la seconde, qui est la plus moderne, il lui accorde d'être la plus conséquente ; pour la troisiéme, il lui fait la grace de dire qu'elle peut bien être la meilleure ; mais il soutient qu'elle a tous les préjugés contre elle, & que son inconséquence saute aux yeux. Nous allons voir que ce qui saute aux yeux, c'est l'inconséquence de Rousseau, & non celle de la Religion Chrétienne.

Comment, en effet, si la première Religion paroît la plus sûre, la seconde peut-elle paroître la plus conséquente ? Et comment la troisiéme peut-elle être la meilleure, si elle a tous les préjugés contre elle, & si son inconséquence saute aux yeux ? Mais ne demandons pas du raisonnement à un homme qui ne se pique que de rêver, & qui d'un bout à l'autre exécute parfaitement ce qu'il a annoncé. Cependant il faut dire que ce sont de malins rêves, & qu'il y a ici un artifice bien médité. Le but de Rousseau est de détruire toute Religion; il ne veut pas faire plus de grace à l'une qu'à l'autre, & la fin qu'il se propose, est de se servir des unes pour détruire les autres. Ainsi, en disant que la première paroît la plus sûre, & la seconde la plus conséquente, c'est avancer, à mots couverts, que ni l'une ni l'autre n'est sûre ni conséquente ; & en disant que la troisiéme peut bien être la meilleure, mais que tous les préjugés sont contre elle, & que son inconséquence saute aux yeux, c'est dire qu'elle est encore pire que les autres, & qu'il faut par conséquent les rejetter toutes.

Pour détruire tous ces vains sophismes, nous allons prouver à Rousseau que la Religion Chrétienne est la plus ancienne de toutes les Religions, qu'elle est la plus sûre & la plus conséquente, ou plutôt la seule sûre & la seule conséquente ; que bien loin d'avoir tous les préjugés contre elle, elle les a tous en sa faveur. Nous lui ferons voir que la Religion des Juifs telle qu'elle est aujourd'hui, n'est ni la plus ancienne ni la plus sûre ; & que celle de Mahomet, bien loin d'être la plus conséquente, est au contraire d'une inconséquence qui saute aux yeux, & qu'elle a certainement tous les préjugés contre elle. Commençons par cette dernière.

C'est ajouter un nouvel éclat à la divinité de la Religion de Jésus-

Christ, que de faire entrer en parallèle avec elle la Religion de l'imposteur Mahomet. La beauté, la lumière & la sainteté de la Religion Chrétienne paroîtront encore mieux, lorsqu'on la rapprochera de la difformité, des ténèbres & de la corruption de celle de Mahomet.

Jesus-Christ vient dans le monde ; il prouve par toutes les circonstances de sa vie, qu'il est ce Messie, ce grand Prophete annoncé par Moyse, prédit par tous les Prophetes ; il rend témoignage de ce qu'il est, & de la divinité de sa mission, par une multitude infinie de miracles ; il y ajoute encore un nombre considérable de prophéties qui s'accomplissent toutes exactement : quel personnage sera ici Mohomet ? Où sont ses miracles, où sont ses prophéties ? Dans quel Livre des Ecritures a-t-il été annoncé ; si ce n'est comme un de ces imposteurs grossiers, dont elles nous recommandent d'éviter les piéges & la séduction? Ainsi Mahomet n'a pu donner ou à sa personne, ou à sa Religion aucune liaison réelle ou apparente avec les siécles passés. Il n'en faudroit pas davantage pour le faire rejetter ; parce que, comme nous le montrerons, toute Secte qui ne montre pas sa succession depuis l'origine du monde, ne peut venir de Dieu. L'expédient que Mahomet a trouvé pour couvrir la tache de sa nouveauté, est des plus singuliers. Craignant avec raison qu'on ne cherchât dans les Ecritures des Chrétiens des témoignages de sa mission, semblables à ceux que Jesus - Christ trouvoit dans les Livres des Juifs, il a avancé que les Chrétiens & les Juifs avoient tronqué & falsifié tous leurs Livres. Mais il n'a pas fourni l'ombre

bre de preuves d'une pareille accusation; il étoit nécessaire que sa personne fût annoncée dans les Ecritures, il n'en étoit cependant point question ; donc, selon Mahomet, elles avoient été falsifiées ; & contre toute vraisemblance ses Sectateurs ignorans l'ont cru sur sa parole.

Mais au moins Mahomet voulant établir une nouvelle Religion, auroit-il dû justifier par quelque miracle, l'ordre & la mission qu'il prétendoit en avoir reçue. Non-seulement il n'en fait aucun, il ne se glorifie pas même d'avoir le pouvoir d'en opérer, & ses Disciples n'ont osé lui en attribuer. Il persuade à sa femme & à ses Sectateurs, que les agitations où il tomboit fréquemment, étoient une suite des communications ordinaires qu'il avoit avec l'Ange Gabriel : mais quelle preuve en donne-t-il ? Ses agitations, fes extafes en étoient-elles une par elles-mêmes ? Combien d'impofteurs en ont fait autant ?

Mahomet prononce lui-même fa condamnation, & nous prouve l'in-conféquence de fa Religion. Il re-connoît que Moyfe eft l'Envoyé de Dieu ; il déclare la même chofe de Jefus-Chrift ; il en parle toujours avec un grand refpect ; il le préfere à tous les Prophetes ; il l'appelle le Verbe de Dieu, fa vertu, fon entendement, fa fageffe ; il reconnoît que fes Dif-ciples étoient de faints perfonnages : donc Mahomet eft un fourbe & un impofteur, puifqu'il annonce une do-ctrine diamétralement oppofée à celle de Moyfe & des Apôtres, puifqu'il renverfe la Religion que Jefus-Chrift, l'Envoyé de Dieu, a établie fur la terre, puifqu'il rejette la doctrine qu'il a prêchée aux hommes, pour lui en substituer une nouvelle, sans autorité, sans aucune preuve de la mission qu'il s'arroge.

Qu'il faut être aveugle pour oser comparer Jesus-Christ & sa Religion, avec Mahomet & la Religion qu'il a fondée! Mahomet est un brigand, un voleur, un scélérat, qui mene la vie la plus corrompue, la plus déréglée: Jésus-Christ mene la vie la plus pure, la plus irrépréhensible; il vient combattre tous les vices, tous les déréglemens; sa morale porte par-tout le caractère de sa divinité. Aussi ne craint-il pas de l'exposer aux yeux des plus clairvoyans; il ne cache rien; il dit tout en public; il veut que tout le monde sçache ce qu'il enseigne; il ordonne à ses Disciples de prêcher sur les toits ce qu'ils ont pu apprendre de lui dans le secret de la maison.

Après sa résurrection, il fait consigner dans des Livres autentiques la doctrine qui fait le fond de sa Religion ; il veut que ces Livres soient mis entre les mains de tout le monde ; & ces Livres mêmes exhortent tous les hommes à les lire. Mais que Mahomet tient une conduite bien différente ! Il a senti toute l'horreur de sa doctrine ; il en a eu honte lui-même ; aussi a-t-il voulu qu'elle fût ensevelie dans les ténèbres d'une ignorance profonde. Un silence & un secret de politique prescrit par ce Législateur, ont servi à couvrir l'absurdité de ses dogmes. Il défend de lire ses Livres, de peur que ses Sectateurs effrayés, ne se soulevassent contre une doctrine si révoltante, & n'ouvrissent enfin les yeux aux illusions de leur séducteur.

En effet, qui peut soutenir la lecture d'une doctrine auſſi horrible que celle de Mahomet ? Pour nous arrêter ici à un ſeul point qui eſt la baze de tous les autres, n'eſt-on pas ſaiſi d'horreur, quand on voit la béatitude infâme que Mahomet propoſe à ſes Sectateurs pour l'objet de leurs eſpérances ? Rien de plus important & de plus eſſentiel dans une Religion, que la récompenſe qu'elle promet comme le terme de toutes les actions qu'elle preſcrit. Telle eſt la fin, tels ſont les moyens : or, quoi de plus impie & de plus déteſtable, que la fin & la béatitude de la Religion de Mahomet ? Il n'y a pas de langue chaſte qui oſe en parler, ni d'oreilles pures qui puiſſent l'entendre. Il faut être auſſi charnel que des bêtes pour la goûter, & auſſi perverti que les Démons pour l'approuver. Le Dieu qui promettroit une pareille béatitude, ne seroit digne que de l'exécration de tous les mortels.

Quelle énorme différence entre cette béatitude, & la récompense que Jesus-Christ promet à ses Disciples ! Le bonheur que Jesus-Christ promet à ses Disciples après cette vie, consiste dans une jouissance pleine & parfaite du Dieu qu'ils ont servi ici bas. Toute leur occupation dans le séjour de la gloire, sera de le louer, de l'adorer, de contempler ses perfections infinies. Semblables aux Anges, ils ne sentiront plus aucun des attraits de la concupiscence ; tout sera en eux dans un ordre parfait ; ils jouiront de la paix la plus profonde ; point d'autre volupté pour eux, que de se nourrir sans cesse des douceurs & des beautés de la Vérité éternelle ; leur cœur sera absorbé dans les torrens de délices, qu'elle leur fournira continuellement; toujours contens & satisfaits, sans être jamais dégoûtés, ils s'enyvreront toujours de nouveaux plaisirs dans les saints transports de leur amour.

Tels sont les grands objets du Christianisme. Tout y est digne de la pureté, de l'excellence & de la divinité d'une pareille Religion. Le Paradis de Mahomet, au contraire, est un Paradis de chair & de sang, de volupté & de dissolution : les hommes n'y doivent être occupés qu'à satisfaire les désirs les plus corrompus ; toutes leurs délices consisteront à se plonger dans les voluptés les plus impures, les plus indignes de la sainteté de Dieu, & de l'excellence de l'homme.

Laquelle de ces deux doctrines porte le sacré caractère de la Divinité ? Rousseau oseroit-il dire que celle de

Mahomet vient de Dieu, lui qui exige avec raison, pour marque de cette origine, qu'elle *porte le sacré caractère de la divinité*, qu'elle nous *propose un culte, une morale & des maximes convenables aux attributs par lesquels seuls nous concevons son essence ?* Puis donc que la doctrine de Mahomet *ne nous apprend que des choses absurdes & sans raison, votre Dieu n'est pas le nôtre*, dirai-je à ses Sectateurs après Rousseau (a).

Si l'on considère enfin la manière dont Jesus-Christ établit sa Religion, & si on la compare avec les moyens que Mahomet emploie pour fonder & étendre la sienne, quel étonnant contraste ! Tout est divin & inimitable du côté de Jesus-Christ : tout est humain & diabolique du côté de Mahomet. Jesus-Christ jette les fonde-

(a) *Tom. III*, *pag.* 148, 149.

mens de sa Religion par la force de ses miracles, par la vertu de ses souffrances : l'humilité, la douceur, la patience ouvrent les voies à son Evangile ; il ne cherche qu'à persuader ; douze pauvres sans science, sans lettres & sans armes, forment tout son cortége ; il n'inspire à ses Disciples que l'humilité, l'amour des souffrances, le mépris du monde, la fuite de ses grandeurs, la charité à l'égard de tous les hommes, l'union & la paix, la soumission à toutes les Puissances. Il combat tous les préjugés de la chair & du sang ; il attaque l'homme dans tout ce qu'il a de plus cher ; il ne prêche que renoncement à soi-même ; il ne promet ici-bas que croix, que tribulations. Quelle élévation, quelle austérité dans sa morale ! qu'elle est révoltante pour des cœurs qui n'ont sçu jusques-là que satisfaire leurs passions, qui ne vivent que pour suivre tous les dérèglemens d'une nature corrompue! Cependant, avec une pareille doctrine, il entreprend par le ministère de ses Apôtres, de convertir tout l'Univers; il les envoie comme des agneaux au milieu des loups, parmi des ennemis de toute espèce, animés & armés pour les combattre. Ils ne trouvent par-tout que résistance, que contradictions; & ces hommes sans crédit, sans aucun appui humain, par leur patience invincible, par leurs souffrances inexprimables, par leurs infatigables travaux, viennent à bout de former une multitude de Chrétiens, d'étendre de tous côtés la doctrine de l'Evangile & la foi du nom de Jesus-Christ. Les mêmes moyens qui ont servi à établir cette Religion, servent à sa défense comme à son accroissement. Plus elle est haïe, plus elle se multiplie : par la mort de millions de Martyrs qui répandent leur sang pour elle, elle s'accroît & n'en devient que plus éclatante ; les persécutions, les souffrances qui ont été son berceau, deviennent sa force & son rempart ; c'est par elles qu'elle triomphe de tous les ennemis qui se sont ligués pour sa ruine.

Mais Mahomet tient bien une autre conduite. Il agit en homme ; il ne fait que ce que les plus scélérats d'entre les hommes avoient fait avant lui ; il n'y a point d'imposteur habile qui ne puisse imiter tout ce qu'il a fait. Il plante sa Secte, le fer & le feu à la main ; ses Soldats sont ses Apôtres ; la force & la violence sont les moyens qu'il emploie pour persuader ; il convertit les peuples, en tuant ceux qui s'opposent à lui ; il trompe des peuples souverainement ignorans ; il profite des divisions de son voisinage, pour y étendre par les armes une Religion toute sensuelle ; il attire les hommes, en flattant toutes les passions ; il les séduit, en ne leur proposant rien de contraire aux inclinations de la cupidité ; sa doctrine en favorise presque tous les penchans. Qu'y a-t-il de merveilleux dans toute cette conduite ? On y voit le triomphe de la violence, de la politique, de la cupidité & des passions. Celle de Jesus-Christ, au contraire, ne présente que le triomphe de la charité, de la patience & de toutes les vertus.

Le plus grand argument que Mahomet puisse apporter pour défendre sa Secte, est le succès de ses armes & la grandeur de son Empire. Mais en cela, quoi d'extraordinaire & de plus qu'humain ? Alexandre qui, en douze ans, se rend maître de la moitié du monde, n'est-il pas sans comparaison plus admirable que Mahomet dans le progrès que sa Secte fait en bien plus de temps? Et les Romains, devenus maîtres de la plus grande partie de l'Univers, étendant avec leurs conquêtes le culte de leurs Dieux, n'auroient-ils pas eu autant de droit que Mahomet, de conclure du progrès & de la rapidité de ces conquêtes, la divinité de leur Religion & des Dieux qu'ils adoroient? Il n'y a donc rien de surprenant dans l'établissement de la Religion Mahométane, puisqu'elle ne s'est introduite que par la force, l'ignorance & la concupiscence. Il n'est pas étrange que des causes humaines produisent un effet humain qui leur est assorti. Mais tout est surprenant dans l'établissement & le progrès de la Religion Chrétienne.

Tout est si contraire entre ces deux Religions, que *si Mahomet* (a) *a pris la voie de réussir humainement, Jesus-Christ a pris celle de périr humainement. Et au lieu de conclure que puisque Mahomet a réussi, Jesus-Christ a bien pu réussir; il faut dire que puisque Mahomet a réussi, le Christianisme devoit périr, s'il n'eût été soutenu par une force toute divine.*

Peut-on ensuite entendre, sans indignation & sans horreur, Rousseau nous dire : ” A Constantinople (b) les
” Turcs disent leurs raisons ; mais
” nous n'osons dire les nôtres ; là , c'est
” notre tour de ramper. Si les Turcs
” exigent de nous pour Mahomet,
” auquel nous ne croyons point, le
” même respect que nous exigeons
” pour Jesus-Christ des Juifs qui n'y

_____
(a) Pascal.
(b) Tom. III, p. 167.

» croient pas davantage ; les Turcs
» ont-ils tort ? avons-nous raifon ?
» Sur quel principe équitable réfou-
» drons-nous cette queſtion « ? Il
n'eſt point de vrai Chrétien qui ram-
pe à Conſtantinople ou ailleurs. Tout
vrai Chrétien eſt toujours prêt à rendre compte de ſa Foi par-tout où il
ſe trouve ; la diſſimuler, ſeroit la tra-
hir ; c'eſt un ſacrilége pour un vrai
Chrétien, de déguiſer ſa Religion ;
il doit être toujours diſpoſé à con-
feſſer celui qu'il adore, il ne peut en
rougir ſans y renoncer ; & comment
n'oſeroit-il pas rendre raiſon d'une
Foi appuyée ſur de ſi ſolides fondemens ? Que Rouſſeau connoît mal
l'eſprit du Chriſtianiſme ! Les Chrétiens qui vivoient autrefois parmi les
Payens, avoient-ils honte de dire
leurs raiſons ? Ne les portoient-ils
pas dans de magnifiques apologies,

avec une généreuse fermeté aux pieds des Tribunaux, des Juges & des Empereurs ? Ne les publioient-ils pas avec un courage & une constance inébranlable au milieu des tourmens les plus affreux, des supplices les plus inhumains ? ʺNous le disons hauteʺment, s'écrioit Tertullien (a), nous ʺle disons à la face de tous les homʺmes, & au milieu des tourmens les ʺplus affreux, le corps déchiré en ʺpiéces & ruisselant de sang ; nous ʺcrions de toutes nos forces que nous ʺadorons Dieu par le Christ ʺ. Tout Chrétien qui n'est pas dans la disposition d'imiter ces illustres exemples de la foi de nos pères, peut ramper à Constantinople, il cesse dès-lors d'être Chrétien, il est indigne du nom qu'il porte. Mais Rousseau peut-il ignorer qu'une multitude de Chré-

(a) *Apolog.*

tiens

tiens ont librement confessé J. C. & donné leur vie chez les Turcs comme chez les Payens ?

Tout ce que nous avons déja dit pour établir la Religion Chrétienne ; les preuves que nous venons de donner de la fausseté de celle de Mahomet, toutes ces raisons répondent pleinement à la question insidieuse de Rousseau. Il est clair que les Turcs n'ont aucun droit d'*exiger de nous pour Mahomet, auquel nous ne croyons point, le même respect que nous exigeons pour Jesus-Christ, des Juifs qui n'y croient pas davantage.* Ne faut-il pas être frappé du dernier aveuglement, pour nous demander : *Les Turcs ont-ils tort, avons-nous raison ? Sur quel principe équitable résoudrons-nous cette question ?* Et moi je demanderai à Rousseau, sur quel principe équitable peut-il faire une pareille question ? En manquons-nous pour la réfoudre ? Quelle parité ! quelle reffemblance peut trouver Roufſeau entre deux Religions fi difparates ? Nous ne prétendons point avoir droit de forcer les Juifs à rendre à Jefus-Chrift le même refpect que nous, comme les Mahométans prétendent avoir droit de le faire en faveur de Mahomet. Il eft indigne de la Religion Chrétienne d'uſer de violence, & de contraindre la foi qu'elle exige. Elle ne s'eft établie que par les fouffrances, l'humilité, la patience, & la force de fes raiſons ; elle ne doit être maintenue que par de femblables moyens : tous ceux qui en employeroient d'autres pour l'étendre, ne feroient point animés de l'eſprit de fes Fondateurs : ils blefferoient ouvertement l'eſſence & les principes du Chriſtianifme.

Mais nous prétendons avoir des raisons décisives & des preuves de la dernière évidence pour engager les Juifs à rendre à Jesus-Christ le respect, le culte & l'adoration que nous lui rendons. Nous prétendons leur prouver que Jesus-Christ est ce Messie que toute leur Loi a prédit, figuré & annoncé; ce Messie qu'ils ont toujours attendu & qu'ils attendent encore, mais en vain : enfin nous prétendons leur démontrer que la Religion Chrétienne est toute fondée sur la Loi & les Propheres; la même, quant au fond, que celle des Juifs avant la venue de Jesus-Christ, la même que celle des Patriarches, des Justes & des Saints de tous les temps.

Il est essentiel à la vraie Religion d'être aussi ancienne que le monde. Dieu ayant créé le genre-humain, & l'ayant fait à son image, il lui a sans doute enseigné dès ce commencement, la vraie manière de le servir & de lui plaire. Ainsi toute Religion qui ne peut remonter par sa succession jusqu'à l'origine du monde, ne peut venir de Dieu : mais au contraire celle qui embrasse toute la durée des temps, a certainement Dieu pour Auteur. Or tel est le caractère de la Religion Chrétienne.

Si Jesus-Christ est le Messie annoncé par les Prophetes, dès-lors cette Religion, tirant son origine du Ciel, elle est aussi ancienne que le monde; elle n'a jamais cessé d'être, son nom seul est nouveau. Cette Religion est celle d'Adam, de tous les Saints avant la Loi, d'Abraham, des Patriarches & de tous les Juifs. Tous les enfans de Dieu ont toujours cru ce que nous croyons, espéré ce que nous possédons, attendu ce que nous voyons.

Ils se sont sanctifiés en croyant que ce Messie viendroit, comme nous le sommes en croyant qu'il est venu. La même grace qui nous a été donnée par Jesus-Christ, leur a été aussi communiquée par ses mérites anticipés. Tous leurs vœux & tous leurs désirs se portoient vers ce grand objet; toute la Religion des Juifs n'étoit que l'avant-coureur de ce grand avénement; leurs sacrifices, leur loi, leurs cérémonies tendoient toutes à cette unique fin; elles n'avoient d'autre but que de préparer les voies au Messie, & de rendre sensible à un Peuple grossier, des mystères trop élevés pour lui. C'étoit comme un voile sous lequel il étoit caché, & qui devoit disparoître dès qu'il se manifesteroit. Par conséquent si Jesus-Christ est le Messie, la Religion Chrétienne est aussi ancienne que le monde;

puisque par Jesus-Christ son Chef elle rassemble tous les siécles ; puisque dans tous les temps, J. C. attendu ou donné, a fait l'objet de l'espérance & de la consolation des vrais adorateurs ; puisque toujours on a reconnu le même Dieu comme principe de toutes choses, & le même Christ, comme réparateur du genre-humain. Jesus-Christ est le centre qui réunit les deux Peuples pour n'en faire qu'un : la Religion, dans l'état de nature, prépare les voies à la Loi ; la Loi vient au-devant de l'Evangile ; la succession de Moyse & des Patriarches, ne fait qu'une même suite avec celle de Jesus-Christ : être attendu, venir, être reconnu par une postérité qui dure autant que le monde, c'est le caractère du Messie : *Jesus-Christ est aujourd'hui, il étoit hier, & il est dans les siécles des siécles.* Hebr. 13.

Il nous suffit donc de démontrer que Jesus-Christ est le vrai Messie, pour conclure en même-temps que la Religion Chrétienne est la plus ancienne Religion du monde, & par conséquent la seule véritable. Examinons par les Livres mêmes des Juifs, quels doivent être les caractères du Messie, & nous verrons qu'ils conviennent parfaitement à la Personne de Jesus-Christ : & d'abord le temps & les circonstances de la venue du Messie sont décisifs en faveur de Jesus-Christ.

La célèbre prophétie de Jacob, marque expressément *que le sceptre, c'est-à-dire l'autorité, ne sera point ôté de Juda* (a), *& qu'on verra toujours des chefs & des conducteurs du Peuple de Dieu tirés de sa race, jusqu'à la venue de celui qui doit être envoyé, & qui*

(a) Genes. c. 49.

fait l'objet de l'attente des peuples. Tous les anciens Juifs conviennent unanimement que cette prophétie regarde le Meſſie, & la plûpart des modernes le penſent auſſi : d'ailleurs les termes de la prophétie déſignent clairement le Meſſie. Il eſt viſible que Jacob parle de celui qui avoit été promis à ſes pères, qui devoit faire l'attente de toutes les Nations, en qui & par qui elles devoient être bénies. Il n'eſt donc plus queſtion que de ſçavoir ſi les Juifs, & la Tribu de Juda en particulier, ſe ſont trouvés à la venue de Jeſus-Chriſt, & ſe trouvent encore dans l'état annoncé par la prophétie. Or il eſt certain que la Tribu de Juda avoit perdu ſa prééminence lorſque Jeſus-Chriſt a paru, & que les Juifs n'avoient plus l'autorité de ſe gouverner eux-mêmes par leurs propres Magiſtrats, avec pouvoir de vie & de mort. Ils en font eux-mêmes un aveu public, lorsque demandant à Pilate la mort de Jesus-Christ, ils déclarent qu'il ne leur est permis de faire mourir personne : *Nobis non licet interficere quemquam* ; & en criant, Nous n'avons point d'autre Roi que César, ils reconnoissoient publiquement que Jesus-Christ étoit le Messie, puisqu'ils n'avoient plus de Roi ni de Chef de leur Nation, & qu'ils n'en vouloient pas même d'autre que l'étranger qui les gouvernoit alors.

Pour prévenir toutes les difficultés, il est important de remarquer que dans toutes les autres révolutions arrivées au Peuple Juif, & malgré les divers états par lesquels il avoit passé, il étoit cependant toujours demeuré en corps de Peuple réglé, & de Royaume qui use de ses droits. On y voit toujours des Rois, ou des Magistrats, ou des Juges de sa Nation qui le gouvernent ; mais à la venue de Jesus-Christ, le Royaume de Juda tombe en ruine, il est entiérement détruit, le peuple Juif est chassé sans espérance, de la terre de ses pères ; & cette dernière & épouvantable désolation, n'est plus une transmigration comme celle de Babylone, ni une suspension de gouvernement & de l'état du Peuple de Dieu : c'est une entière & absolue extinction de toute espèce d'autorité ou de gouvernement. Exemple inoui ! elle dure depuis dix-sept siécles : Jesus-Christ est donc le Messie.

Tandis que Daniel est occupé de la captivité de son peuple à Babylone, & des soixante-dix ans dans lesquels Dieu avoit voulu la renfermer ; au milieu des vœux qu'il fait pour la délivrance de ses frères, il est tout-à-coup élevé à des objets plus importans. Au lieu des soixante & dix années prédites par Jérémie, (*a*), il voit soixante & dix semaines qui doivent commencer depuis l'ordre donné par Artaxercès - Longue - main , la vingtiéme année de son régne , pour bâtir la Ville de Jérusalem. Sur la fin de ces semaines est fixée *la rémission des péchés , le régne éternel de la justice , l'entier accomplissement des prophéties , l'onction du Saint des Saints.* Après les soixante-neuf premières semaines , le Christ doit paroître , faire sa mission ; *il doit être mis à mort ,* mourir de mort violente , OCCIDETUR. Une semaine est distinguée entre toute les autres , c'est la dernière & la soixante - dixiéme , celle où le Christ est immolé , ou *l'alliance est confirmée , & au milieu de laquelle l'hostie*

(*a*) *Dan.* 9.

& les sacrifices sont abolis. Après la mort du Christ, *le peuple qui l'a renoncé n'est plus son peuple*, on ne voit plus qu'horreur & confusion, *la Ville & le Sanctuaire sont ruinés, un peuple avec son Chef sont envoyés pour tout perdre ; l'abomination est dans le Temple, & la guerre ne finit que par une désolation universelle.*

Les semaines de Daniel réduites en semaines d'années, selon l'usage de l'Ecriture & comme les semaines de la captivité de Babylone, forment un totale de 490 ans, qui, depuis l'Edit donné par Artaxercès, nous conduisent précisément à la dernière semaine où Jesus-Christ exerça son ministère public, où par sa mort il mit fin aux sacrifices de la Loi, en accomplit les figures & fonda son Eglise. On peut faire différentes supputations de ces semaines ; mais de quelque manière qu'on les compte, il faut nécessairement qu'elles viennent se terminer à Jesus-Christ : car Dieu a prévenu toutes les difficultés qu'on pourroit faire, par une décision qui ne laisse aucune réplique. Un événement manifeste nous met au-dessus de toutes les chicanes de la mauvaise foi. La ruine totale de Jérusalem & des Juifs, qui a suivi de si près la mort de Jesus-Christ ; la justice & la rémission des péchés annoncées en son nom à tous les Peuples, doivent forcer les plus endurcis à reconnoître en sa Personne l'accomplissement de la prophétie.

Pendant qu'on bâtissoit le second Temple, les vieillards qui avoient vu le premier, fondoient en larmes, en comparant la pauvreté de ce dernier édifice avec la magnificence du premier. Le Prophete Aggée, éclairé d'une lumière divine (*a*), eſt tranſporté dans l'avenir, & va les conſoler ; il publie la gloire future du ſecond Temple, & annonce *qu'elle ſurpaſſera de beaucoup celle du premier.* La raiſon qu'il en donne, c'eſt que *le Déſiré des Nations arrivera,* & paroîtra dans ce nouveau Temple ; *la paix y ſera établie, tout l'Univers ému* rendra témoignage à la venue de ſon Rédempteur, & il n'y a plus *qu'un peu de temps* à l'attendre.

Malachie voit auſſi la gloire du ſecond Temple (*b*), & le Meſſie qui l'honore de ſa préſence. *Un Ange eſt envoyé pour lui préparer les voies,* mais celui qui l'annonce eſt un Envoyé d'un ordre tout nouveau ; un Envoyé qui eſt *le Seigneur,* qui entre dans le Temple, comme dans le

---

(*a*) *Aggée,* 2.
(*b*) *Malachie,* 3.

lieu de sa résidence ordinaire ; un Envoyé désiré par tout le Peuple, qui vient faire une nouvelle alliance, & qui, par cette raison, est appellé par excellence, *l'Ange du Testament : & incontinent*, dit le Prophete, *vous verrez arriver dans son saint Temple le Seigneur que vous cherchez, & l'Ange de l'alliance que vous désirez*. Il est clair qu'il est question du Messie dans ces deux prophéties ; lui seul peut donner la paix aux hommes, en les réconciliant avec Dieu ; lui seul est le Désiré des Nations ; lui seul est le Seigneur qui puisse avoir un Temple ; lui seul enfin peut, par sa présence, communiquer au second Temple une gloire qui surpasse & efface celle du premier. Or, peu d'années après la mort de Jesus-Christ, qui avoit si souvent paru dans le second Temple, qui y avoit tant de fois fait éclater la gloire de sa puissance & de sa sagesse : ce Temple a été entiérement détruit : il a donc reçu la gloire qui lui étoit promise, le Messie est donc venu, Jesus-Christ est donc ce Messie, puisqu'en son nom la paix a été annoncée & procurée aux hommes, & que les Peuples émus & agités, ont senti les heureux effets de sa venue.

Si de-là nous descendons à ce détail immense de prophéties qui dépeignent tous les caractères du Messie, toutes les circonstances de sa vie, toute la suite de ses actions, peut-on encore ne pas y reconnoître J. C. ?

Peut-on s'empêcher de voir Jesus-Christ dans toutes ces prophéties qui marquent le nom du Messie, son origine, la manière & le lieu de sa naissance, son ministère, les œuvres & les miracles qui l'accompagnent, ses humiliations, sa passion, sa mort, les

les suites & les effets de ses souffrances; c'est-à-dire, la vocation des Gentils à la Foi, & la ruine de la Nation Juive? Arrêtons-nous ici aux plus importantes & aux plus décisives de ces prophéties, & nous serons forcés de convenir que les Prophetes, en faisant le portrait du Messie, ont peint Jesus-Christ trait pour trait.

Les humiliations, l'état d'anéantissement où Jesus-Christ s'est réduit pour nous, ses souffrances sont devenues pour les Juifs un sujet de scandale, & les ont portés à le méconnoître. Mais c'est précisément ce qui devoit les engager à recevoir Jesus-Christ, & à conclurre qu'il étoit le Messie, en y réunissant toutes les autres circonstances qui caractérisoient sa personne.

Les Prophetes, en publiant les magnificences du Messie, n'ont pas tu ses opprobres; ils l'ont vu *vendu* (*a*); ils ont sçu le nombre & l'emploi des *trente pièces d'argent dont il a été acheté* (*b*); ils ont annoncé que *le Pasteur seroit frappé, & les brebis dispersées* (*c*): en même-temps qu'ils l'ont vu *grand & élevé* (*d*), ils l'ont vu *rassasié d'opprobres, méprisé & méconnoissable au milieu des hommes; l'étonnement du monde*, autant par sa bassesse que par sa grandeur, *le dernier des hommes, l'homme de douleur, chargé de tous nos péchés, bienfaisant & méconnu, défiguré par ses plaies, & par-là guérissant les nôtres, chargé d'ignominie, estimé plutôt un ver de terre qu'un homme* (*e*), abandonnant son corps à ceux qui le frap-

---

(*a*) Zacharie, 11.
(*b*) Thren. 3.
(*c*) Zacharie, 13.
(*d*) Isaïe, 51, 52.
(*e*) Ibid. 50.

poient, & ne détournant point son visage de ceux qui le couvroient d'injures & de crachats, traité comme un criminel, mené au supplice avec des méchans, & se livrant comme un agneau paisiblement à la mort, sans que personne prenne sa défense (a): ils ont vu *naître de lui par ses souffrances une longue postérité* (b), & la conversion des impies devenue le fruit & la récompense de sa mort. David voit *ses pieds & ses mains percés* (c), tous ses os marqués sur sa peau par le poids de son corps violemment suspendu, *ses habits partagés* (d), sa robe jettée au sort, sa langue abreuvée de fiel & de vinaigre, ses ennemis frémissant autour de lui & s'assouvissant de son sang, insultant à sa patience & à sa con-

(a) Daniel, 9.
(b) Isaïe, 53.
(c) Psal. 21.
(d) Psal. 68.

fiance en Dieu : & ce qui prouve clairement qu'il est occupé du Messie, il voit en même-temps, comme Isaïe, pour prix de ses humiliations, *tous les peuples de la terre se ressouvenir de leur Dieu* (*a*), oublié depuis tant de siécles ; il voit *les pauvres venir* les premiers *à la table du Messie*, & après eux *les riches & les puissans l'adorer & le bénir*, lui présidant dans *la grande & nombreuse Eglise*, c'est-à-dire, dans l'assemblée des Nations converties, *& y annonçant à ses frères le nom de Dieu*, & ces vérités éternelles. On ne peut contester qu'il ne soit dans tous ces textes question du Messie. Celui dont parle Isaïe, *se charge volontairement de toutes nos iniquités, il ne souffre que parce qu'il le veut :* Oblatus est, quia ipse voluit. *Nous nous étions tous égarés, & il est percé*

(*a*) *Psal.* 21.

de plaies pour nos iniquités ; chacun s'étoit détourné pour suivre sa propre voie ; & Dieu le frappe & le brise pour expier nos crimes, & nous procurer la paix. Un si grand caractère peut-il convenir à un autre qu'au Messie ?

Ainsi les Juifs, en faisant souffrir & mourir Jesus-Christ, lui ont donné la dernière marque du Messie, & ont mis le dernier sceau à l'accomplissement des prophéties qui le regardoient. Pourrions-nous méconnoître Jesus-Christ, puisque les Juifs l'ont traité en tout, comme le Messie devoit l'être ? Que ses souffrances nous doivent être chères & précieuses, puisqu'elles sont notre prix & notre rançon ; puisqu'il n'a souffert, que parce qu'il a bien voulu se charger de ce que nous devions à la justice divine !

La connoissance de Dieu répandue par tout l'Univers, la conversion des

Gentils, & la bénédiction de tous les peuples promise depuis si long-temps à Abraham, est marquée dans les Propheres comme le signe certain & le fruit de la venue du Messie. Ils annoncent dans les termes les plus magnifiques, la bénédiction qui doit être répandue sur les Gentils par l'arrivée du Messie. *Ce rejetton de Jessé (a)* paroît à Isaïe *comme un signe* que Dieu donne *aux Peuples & aux Gentils, afin qu'ils l'invoquent. Il doit les laver par une sainte aspersion (b); ceux qui n'ont jamais entendu parler de lui le voient; ceux qui ne le cherchoient point le trouvent; ceux à qui il étoit inconnu, sont appellés pour le contempler.* C'est le *témoin donné aux Peuples (c)*, c'est le *Chef & le Maître des Gentils*; sous lui ils accourent de tous côtés. Il appren-

(*a*) Isaïe, 11.
(*b*) Ibid. 52, 53, 65.
(*c*) Ibid. 55.

dra la justice aux Nations, il sera leur lumière; il ouvrira les yeux des aveugles (a), & tirera les captifs de leur prison. Sous son règne admirable, *les Assyriens & les Egyptiens* (b) *ne seront plus avec les Israélites qu'un même Peuple de Dieu, & il est l'auteur du salut jusqu'aux extrémités de la terre. Les Nations qui sont au-delà de la mer* (c), *l'Afrique, la Libye, les Peuples de l'Occident, les Isles les plus reculées reçoivent ses envoyés dans lesquels il a mis son signe, & ils leur font connoître sa gloire. Ces Nations viendront lui offrir leurs prières, & son sépulchre sera glorieux parmi elles* (d); *le Seigneur seul paroîtra* (e) *grand en ce jour-là, & toutes les Ido-*

(a) *Isaïe*, 42.
(b) *Ibid.* 19, 49.
(c) *Ibid.* 66.
(d) *Ibid.* 11.
(e) *Ibid.* 2.

les seront brisées. Les Peuples frémissent en vain (a); *les Rois & les Princes font d'inutiles complots contre le Seigneur & son Christ. Dieu se rit du haut du Ciel de leurs projets insensés;* il établit malgré eux l'empire de son Christ; il l'établit sur eux-mêmes; *les Rois viennent l'adorer* (b), pour marque de leurs hommages, *ils lui offrent des présens* (c), *& ils se tiennent devant lui dans un silence respectueux.*

Il n'y a plus qu'à considérer ce qui est arrivé après la venue de Jesus-Christ, pour sçavoir s'il est ce Messie promis qui doit être la lumière & le salut des Nations. Or, comment se refuser ici à la lumière qui brille de toutes parts ? Il n'est plus question

(a) *Psal.* 2.
(b) *Psal.* 72.
(c) *Isaïe,* 55.

de raiſonner, il ne faut qu'ouvrir les yeux, & conſidérer le changement arrivé dans l'Univers. Jeſus-Chriſt ordonne à ſes Apôtres de porter l'Evangile par toute la terre : ils partent ; tout ce qu'il y a de grand dans le monde s'unit contre cette Religion naiſſante. Les uns écrivent, les autres condamnent, les autres tuent ; & malgré toutes ces oppoſitions, Jeſus-Chriſt détruit le culte Judaïque dans Jéruſalem qui en étoit le centre, & dont il fait ſa première Egliſe ; & le culte des Idoles dans Rome qui en étoit le centre, & dont il fait ſa principale Egliſe ; & tout cela ſe fait par la ſeule force de cette parole qui l'avoit prédit. Une vertu ſecrette ſort de la Croix, toutes les Idoles ſont ébranlées, elles tombent par terre, quoique ſoutenues de toute la puiſſance des hommes. Ce ne ſont point les sages, ce ne sont point les nobles, ce ne sont point les puissans dont Dieu se sert pour opérer une si grande merveille. L'œuvre de Dieu commencée par les humiliations de Jesus-Christ, se consomme par les humiliations de ses Disciples. Dieu choisit ce qu'il y a de plus vil, ce qui est fou selon le monde, pour confondre les sages ; ce qui est foible & méprisable en apparence, pour confondre les forces & les puissances du siécle. Douze hommes, le rebut du monde, & le néant même aux yeux de la chair, prévalent contre tous les Empereurs & les Empires, & confondent toutes les Idoles avec toute la grandeur humaine qui s'intéressoit à leur défense.

La puissance Romaine, à qui jusques-là rien n'avoit pu résister, succombe sans souffrir de violence. On voit des Chrétiens, sans révolte, sans faire aucun trouble, & seulement en souffrant toutes sortes d'inhumanités, changer la face du monde, & s'étendre par tout l'Univers. Les Nations les plus attachées à l'idolatrie, y renoncent pour n'adorer que le seul vrai Dieu. Les Romains eux-mêmes, les Grecs, les Peuples de tous les pays, de toutes les contrées, reconnoissent en foule la vanité de leurs Idoles. Il n'y a pas jusqu'à ces peuples vagabonds qui erroient de côté & d'autre sur des chariots, sans avoir de demeure fixe ; qui, par la vertu du nom de Jesus-Christ, embrassent le culte du vrai Dieu. L'usurpateur est chassé de toutes parts ; & le fort armé, après en avoir triomphé, se charge de toutes ses dépouilles pour les consacrer au seul vrai Dieu. La promptitude avec laquelle se fait un si grand changement, est un miracle visible ; mais le plus grand de tous les miracles, c'est qu'avec la foi des mystères les plus relevés, les vertus les plus éminentes & les pratiques les plus pénibles, se répandent par-tout.

Quel étonnant changement dans l'Univers entier ! le voile est tiré, les ténèbres sont dissipées, les hommes comprennent dès-lors combien ils se sont dégradés & avilis, en se prostituant à d'indignes créatures ; ils sentent la dignité de leur nature, ils connoissent qu'ils sont faits pour quelque chose de plus grand, & seul capable de remplir la vaste étendue de leurs cœurs ; les sçavans ne sont pas les seuls qui soutiennent & affirment ces grandes vérités : les simples & les ignorans parmi tant de Nations différentes, les croient & les publient également par leur conduite & leurs actions.

Souffrir tout pour la vérité, est parmi eux l'exercice ordinaire ; ils courent aux tourmens avec plus d'ardeur, que les autres aux délices, *Sicut apes ad alvearia, sic illi ad martyria ;* [Julien l'Apostat] & par leur mépris pour la vie présente, ils établissent l'immortalité de l'ame & la vérité d'un avenir plus solidement que n'auroient pu faire tous les Philosophes par leurs raisonnemens.

Quoi de plus divin & de plus merveilleux ! des hommes livrés à toutes leurs passions, à tous les désirs déréglés de la chair & des sens, se séparent avec la plus vive satisfaction de tous les objets où leur cœur se portoit autrefois avec tant d'ardeur ; se privent avec joie des choses les plus nécessaires à la vie, & trouvent plus de délices dans les larmes & les austérités de la pénitence, qu'ils n'en ressentoient dans tous les vains plaisirs du monde! Des hommes plongés dans tous les vices, deviennent subitement chastes, vertueux, sobres & tempérans : la terre tout-à-coup embrasée de la charité la plus ardente & la plus pure, fournit par-tout les plus étonnans exemples de sainteté. Les grands renoncent à leur grandeur, les riches à leurs biens, les enfans abandonnent la maison de leurs pères, pour aller peupler les déserts, & s'y livrer avec une pleine liberté aux saints désirs qui les consument. Des cœurs dominés par l'orgueil le plus indomptable, qui ignoroient ce que c'est que souffrir & pardonner les injures, deviennent en un instant si doux & si patiens, que les outrages les plus sensibles, les plus atroces & les plus ignominieux, n'ont pour eux rien de dur & de pénible; ils y trouvent leur bonheur & leur gloire. L'humilité, cette vertu dont le nom même étoit jufqu'alors inconnu, préfente à l'Univers le fpectacle le plus raviffant : fes Difciples, humbles jufqu'au mépris d'eux-mêmes, ne cherchant d'autre gloire que celle de l'Invifible, mettant toute leur grandeur à s'abaiffer devant leurs frères, autant par les fentimens de leurs cœurs que par leurs actions. Céder aux autres eft pour eux un honneur. Quelle paix ! quelle heureufe harmonie entre les membres de cette nouvelle Société, que la charité a formée, que la charité foutient ! On s'oublie foi-même pour ne s'occuper que de l'intérêt & de l'avantage des autres.

On les voit tous, jufqu'à ces hommes fi barbares & fi féroces, qui ne respiroient que meurtres & que sang; qu'aucune loi, qu'aucune police n'avoit pu civiliser ni humaniser; on les voit ne faire qu'un cœur & qu'une ame brûler de la plus ardente charité, non-seulement pour leurs frères, mais pour leurs ennemis & leurs bourreaux mêmes, se dépouiller de tout pour subvenir à leurs besoins, & disposés à se sacrifier eux-mêmes, si le bien des uns ou des autres peut leur en fournir la moindre occasion. Ainsi la terre devenue un monde nouveau, nous montre dans toutes ses patties une multitude de personnes de tout sexe, de tout état, qui parvenues au détachement le plus universel, ne se regardent plus désormais que comme étrangeres ici-bas ; qui, dégoûtées de toutes les choses de la vie, & de la vie elle-même, ne soupirent plus qu'après les choses du Ciel ;

Ciel ; qui hâtent par leurs désirs une mort pénible à la nature ; mais que la foi leur rend douce & aimable par la vue du bonheur dont elle doit leur procurer la possession.

Rousseau n'avoit-il pas raison de nous dire dans un de ses Ouvrages : *Quel argument contre l'Incrédule, que la vie du vrai Chrétien ! s'il y faisoit attention, il seroit forcé de s'écrier : Non, l'homme n'est pas ainsi par lui-même ; quelque chose de plus qu'humain régne ici.* Oui, les effets merveilleux, les fruits précieux qu'a produit dans le monde la Religion Chrétienne, sont plus qu'humains & naturels. Les Philosophes n'avoient pu persuader qu'à très-peu de Disciples, de suivre leur doctrine ; & Jesus-Christ même après sa mort, ne paroissant plus sur la terre, persuade aux Peuples & aux Nations d'embrasser son Evangile. Ne faut-il pas que *quelque chose de plus qu'humain régne ici* ? La doctrine de Jesus-Christ qui attaque & révolte toutes les passions, s'étend de tous les côtés au milieu des plus grandes traverses & des combats qui lui sont suscités de toutes parts. Il établit son Eglise, il la fonde sur le martyre & les souffrances, il la tient durant trois cents ans dans cet état si violent, sans qu'elle ait un seul moment pour se reposer. *L'homme est-il ainsi par lui-même ?* Enfin Jesus-Christ, après avoir fait voir par une si longue expérience, qu'il n'avoit pas besoin du secours des hommes, ni des puissances de la terre, pour établir son Eglise, il y appelle les Rois & les Empereurs, il les rend les protecteurs du Christianisme, ils accourent de toutes parts, & tout ce qui étoit annoncé dans les Prophetes, de la gloire future de l'Eglife, s'accomplit à la lettre aux yeux de toute la terre.

D'où vient cette force qui a pu opérer un changement fi merveilleux ? Le Meffie eft venu, Jefus-Chrift eft ce Meffie. Voilà le fecret de cette énigme ; la promeffe qui avoit été faite de bénir en fon nom toutes les Nations, de les lui donner pour héritage, s'accomplit aujourd'hui : il attire tout à lui par fa mort, comme il l'avoit annoncé. L'Efprit qui avoit été promis depuis fi long-temps, eft répandu fur toute chair par la vertu de fon facrifice : *Effundam Spiritum meum fuper omnem carnem* (*a*). La nouvelle alliance dont le Meffie devoit être le Médiateur, eft fcellée par le fang de Jefus-Chrift ; & par une fuite naturelle de cette alliance (*b*),

(*a*) Joel. 1.
(*b*) Jérémie, 33.

Dieu imprime sa loi, non plus sur la pierre, comme autrefois, mais il l'écrit & la grave dans le fond des cœurs. Il arrache le cœur de pierre pour en substituer un de chair; les Nations deviennent son peuple, & il est leur Dieu; tous connoissent le Seigneur depuis le plus petit jusqu'au plus grand, leurs iniquités sont lavées dans le sang du Médiateur de la nouvelle alliance, & la justice est établie sur la terre.

Il n'est donc pas possible de contester que le Messie soit venu, & que Jesus-Christ en réunisse tous les caractères. Que le Juif aveugle ouvre enfin les yeux à la lumière qui se présente de toutes parts pour l'éclairer. Son culte, ses sacrifices & ses cérémonies ont été répudiés & anéantis sans aucune ressource, pour y substituer un culte plus pur, & un sacrifice plus digne de Dieu, comme le Prophete l'avoit prédit : *Vous ne m'êtes point agréable* (a), *dit le Seigneur des armées, & je ne veux plus recevoir de vos mains aucune oblation ; car depuis le lever du Soleil jusqu'à son coucher, mon Nom sera grand parmi les Nations, & dans tous les lieux on offrira en mon Nom un sacrifice de bonne odeur, une oblation pure ; parce que mon Nom sera grand parmi les Nations, parce que je suis le grand Roi, & que mon Nom sera révéré par tous les Peuples.* Pour offrir ce nouveau sacrifice & cette nouvelle oblation, Dieu s'est choisi *des Prêtres & des Lévites parmi les Nations* (b), comme il l'avoit annoncé. La succession des Pontifes de la Loi Judaïque perpétuelle & inaltérable depuis Aaron, s'est éteinte avec

(a) *Malach.* 1.
(b) *Isaïe*, 66.

le Temple ; & Dieu, pour marquer d'une manière plus frappante, que c'étoit sans ressource, a fait que la distinction des tribus & des familles, si soigneusement conservée jusqu'alors, soit périe ; & les Juifs conviennent eux-mêmes de ce fait. Par-là Dieu a déclaré que le Sacerdoce nouveau, selon l'ordre de Melchisédech, étoit établi en Jesus-Christ & ses Ministres, & qu'il n'avoit plus besoin d'Aaron & de Lévi. Cette confusion arrivée dans les familles & les tribus, montre clairement que le Messie est venu ; puisque devant naître de la famille de David & de la Tribu de Juda, il seroit aujourd'hui impossible de justifier cette origine par des titres autentiques.

Que pourroient les Juifs opposer de solide à des preuves si convainquantes ? Ce sont leurs propres Livres

qui nous les fourniſſent; elles ne peuvent donc être ſuſpectes. Mais voyons ce que Rouſſeau nous objecte en leur faveur. » Connoiſſez-vous (a), nous
» dit il, beaucoup de Chrétiens qui
» aient pris la peine d'examiner avec
» ſoin ce que le Judaïſme allégue con-
» tre eux ? Si quelques-uns en ont vu
» quelque choſe, c'eſt dans les Li-
» vres des Chrétiens. Bonne manière
» de s'inſtruire des raiſons de leurs
» adverſaires ! Mais comment faire ?
» Si quelqu'un oſoit publier parmi
» nous des Livres où l'on favoriſe-
» roit ouvertement le Judaïſme, nous
» punirions l'Auteur, l'Editeur, le
» Libraire. Cette police eſt commo-
» de & ſûre pour avoir toujours rai-
» ſon : il y a plaiſir à réfuter des gens
» qui n'oſent parler ". Eſt-il néceſſaire que chaque Chrétien ſçache ce

(a) Tom. III, pag. 165, 166. & ſuiv.

que les Juifs allèguent contre nous ? Ne suffit-il pas au commun de sçavoir les raisons fondamentales, qui prouvent la divinité de la Religion Chrétienne, sans se mettre en peine de ce que ses adversaires ne cessent de répéter ? On ne finiroit jamais, si, pour embrasser la Religion, il falloit attendre qu'on eût épuisé toutes les difficultés que l'esprit humain peut y opposer ; chaque jour il faudroit cesser de croire ce qu'on auroit adopté la veille, pour recommencer un nouvel examen des nouvelles objections que l'on proposeroit. Est-ce ainsi qu'on agit dans les sciences, les arts, & toutes les choses de la vie ? La vérité de chacune une fois bien établie, a-t-on besoin d'attendre l'examen & la solution de toutes les difficultés, avant de les suivre & de s'y attacher ? La Religion Chrétienne a eu dans tous les temps des hommes qui ont examiné avec foin tout ce que le Judaïfme pouvoit alléguer de plus fpécieux, & qui y ont répondu avec toute la force que leur donnoit la bonté de leur caufe. Les Juifs modernes ne peuvent que répéter ce que leurs pères ont tant de fois rebattu, & qui a toujours été détruit & renverfé par les fçavantes Apologies & les beaux Traités de nos pères. Jamais ils ne fe font plaints qu'on diffimulât leurs objections ; & fi on l'eut fait, ils n'auroient pas manqué de relever la méprife ou la mauvaife foi. Leurs Livres, quoi qu'en dife Rouffeau, ont toujours été affez communs. Où ne trouve-t-on pas les Ouvrages de leurs Rabins & de leurs Docteurs ? Pendant plus de trois fiécles ils ont dit, fait & écrit tout ce qu'ils ont voulu contre la Religion Chrétienne.

Ils ont remué tout l'Univers contre les Disciples de Jesus-Christ, & ne les ont laissés en repos dans aucune Ville; ils ont armé les Romains & les Empereurs contre l'Eglise naissante. Ils ont animé les Payens contre elle, ils se sont unis à eux pour la persécuter & la détruire, s'il eût été possible : elle n'a pas eu d'ennemis plus furieux, plus redoutables & plus acharnés; elle en a cependant triomphé comme de tous les autres. Ce n'est point par la force & la violence, puisqu'elle étoit alors sans crédit & sans appui. En bute de toutes parts à une multitude d'ennemis; ce n'est donc que par la force de ses raisons, & la puissance de celui qui, du haut du Ciel, la protégeoit, qu'elle a triomphé des Juifs comme de ses autres adversaires.

Avons-nous donc encore besoin de

prendre la peine d'examiner avec soin ce que le Judaïsme allégue contre nous ? Les Payens ne seront-ils pas également en droit de demander une pareille discussion de tout ce qu'ils ont opposé à la Religion Chrétienne ? Et quelle Religion, quelque bien fondée qu'elle soit, pourra s'établir parmi les hommes, si dans chaque génération il faut revenir à l'examen des difficultés qu'on a pu lui opposer dans les différens temps, quoiqu'elles aient été autant de fois confondues & dissipées ?

Il est vrai qu'aujourd'hui la Religion Chrétienne, devenue victorieuse & dominante, ne souffre pas, & avec raison, qu'on publie au milieu d'elle des Livres *où l'on favoriseroit ouvertement le Judaïsme.* Les Rois & les Princes l'ayant embrassée & étant devenus ses protecteurs, ils ont assurément droit de punir *les Auteurs , les Editeurs & les Libraires* de pareilles productions. Dans un Etat, devroit-on souffrir impunément qu'on attaquât, par des Ouvrages séditieux, les Loix & les constitutions fondamentales de la Société ? Or la Société civile étant unie à la Société Chrétienne, c'est troubler l'une, que d'entreprendre sur l'autre ; & l'autorité de la première doit servir à soutenir & à venger les droits de la seconde.

Rousseau aura beau dire que *cette police est commode & sûre, pour avoir toujours raison ; qu'il y a plaisir à réfuter des gens qui n'osent parler.* C'est la police que dictent la raison & le droit naturel. Où en seroit-on, s'il falloit donner la liberté à tous les incrédules, à tous les impies, de semer par-tout leurs erreurs, de vomir pu-

bliquement & hardiment leurs blaf-
phêmes ? Quelle horrible confusion
n'en réfulteroit-il pas pour les Etats
& la Religion ? On peut abufer de
cette police, il eft vrai ; les Payens
en ont abufé autrefois, lorfqu'ils ont
voulu condamner au filence la Religion Chrétienne : car la vérité feule
a droit de fe prévaloir de cette police ; il n'y a jamais que l'erreur à qui
on foit en droit d'impofer filence, &
qu'on puiffe retenir dans les liens d'u-
ne jufte fervitude. Or il eft démontré par toutes les preuves que nous
avons déja rapportées, que la Religion Chrétienne eft la feule véritable ; par conféquent la Puiffance fé-
culière qui lui eft unie, eft bien fondée à réprimer tous les perturbateurs
ou les blafphémateurs de cette Religion. Le Juif incrédule ne fçauroit fe
plaindre légitimement de cette con-

duite. Qu'il se rappelle comment, selon la Loi de Moyse, ceux qui osoient outrager leur Religion, étoient alors traités. Etoit-il permis de donner parmi eux un libre cours aux Livres qui combattoient ouvertement le Judaïsme ? La divinité de leur Religion étant aussi solidement établie, ç'eût été faire l'injure la plus atroce au Dieu qu'ils adoroient, de penser avoir besoin, pour s'attacher au culte qu'il prescrivoit, d'examiner avec soin tout ce que les Payens pouvoient alléguer contre le Judaïsme.

Mais que disent les Juifs, qui ne serve à leur propre condamnation ? Leurs plus anciens Livres portent, qu'il se conservera toujours parmi eux des Juges & des Magistrats jusqu'à la venue du Messie. Ils lui ont appliqué la prophétie de Jacob ; cette tradition a toujours été constante parmi leurs plus célèbres Docteurs ; ils sont forcés de convenir dans le Talmud, que tous les termes qui étoient marqués pour la venue du Messie, sont passés ; & ne sçachant comment se tirer du labyrinthe où ils se sont engagés, ils ont mieux aimé courir au hazard, que de revenir sur leurs pas : & pour couvrir leur confusion, ils ont dit anathême à ceux qui supputeroient les temps du Messie. A combien de faux Messies ne se sont-ils pas attachés ? Après avoir rejetté le Messie venu au nom du Père céleste, ils ont reçu, selon la prédiction de Jesus-Christ (*a*), tous ceux qui sont venus en leur propre nom. L'esprit d'erreur & de séduction, dont ils étoient frappés, les a précipités dans toute sorte d'égaremens. Ils ont prétendu que le Messie étoit au monde,

(*a*) Joan. 7.

quoiqu'il ne parût pas encore. Un de leurs Docteurs nous dit gravement dans le Talmud, que le Christ est venu, selon qu'il est marqué dans les Prophetes ; mais qu'il se tient caché quelque part à Rome parmi les pauvres mendians. D'autres enfin, se voyant trompés dans leur vaine attente, nous ont débité qu'il n'y avoit plus de Messie à espérer, parce qu'il avoit été donné en la personne du Roi Ezéchias. Enfin, d'autres aimant mieux faire mentir les prophéties, que reconnoître leur égarement, nous ont voulu faire croire sur leur parole, que les péchés des Juifs avoient retardé la venue du Messie. Tant d'extravagances & de folies qui se détruisent mutuellement, méritent-elles qu'on s'y arrête pour les réfuter ?

„ Ceux d'entre nous (*a*), poursuit

(*a*) *Tom. III, p.* 166.

Rousseau,

» Rousseau, qui sont à portée de con-
» verser avec des Juifs, ne sont gue-
» re plus avancés. Les malheureux se
» sentent à notre discrétion; la ty-
» rannie qu'on exerce envers eux les
» rend craintifs; ils sçavent combien
» peu l'injustice & la cruauté coutent
» à la charité Chrétienne : qu'ose-
» roient-ils dire, sans s'exposer à nous
» faire crier au blasphême ? L'avidité
» nous donne du zèle, & ils sont trop
» riches pour n'avoir pas tort. Les
» plus sçavans, les plus éclairés sont
» toujours les plus circonspects. Vous
» convertirez quelque misérable, payé
» pour calomnier sa Secte; vous fe-
» rez parler quelques vils frippiers,
» qui céderont pour vous flatter; vous
» triompherez de leur ignorance ou
» de leur lâcheté, tandis que leurs
» Docteurs souriront en silence de vo-
» tre ineptie. Mais croyez-vous que

„ dans des lieux où ils se sentiront „ en sûreté, l'on eût aussi bon mar- „ ché d'eux ? " Quel tissu de vaines & injustes déclamations ! Le mensonge & la calomnie sont perpétuellement les seules armes dont l'Incrédule se serve pour combattre la Religion Chrétienne. Rousseau sent bien l'insuffisance des raisons qu'allèguent les Juifs : pour y suppléer & mieux nous en imposer, il prétend que ces malheureux se rendent à notre discrétion, & que la tyrannie qu'on exerce contre eux, les rend craintifs, & les empêche de donner leurs moyens de deffense. Mais qui est-ce qui a exercé la tyrannie pendant plus de trois siécles ? Les Chrétiens, pendant tout ce temps, n'ont-ils pas été à la discrétion des Juifs ? Les Juifs s'unissant aux Payens, lorsqu'ils persécutoient les Chrétiens à toute outrance, n'ont ils pas eu alors tout le temps & la liberté nécessaire pour se deffendre, & produire toutes les raisons qu'ils pouvoient avoir contre cette Religion naissante? Les Payens qui les ont laissés pour la suivre, malgré tous les efforts des Juifs pour les en détourner & les attacher à eux, ne nous montrent-ils pas le peu de cas qu'on doit faire de toutes leurs raisons, par le mépris qu'ils en ont fait eux-mêmes? Plus droits & plus sincères que les Juifs, ils ont vu clairement dans leurs Livres ce que leur prodigieux aveuglement les empêchoit d'y reconnoître. Au reste, quel que soit l'état des Juifs parmi nous, cet état, bien loin de former le moindre préjugé contre la Religion Chrétienne, se tourne au contraire en preuve pour elle ; parce que, comme nous le montrerons bien-tôt, il a été prédit que les Juifs tomberoient dans cet asservissement, en punition du crime qu'ils commettroient contre le Messie.

Mais peut-on excuser l'injure atroce que Rousseau fait à la Religion Chrétienne ? *Les Juifs sçavent*, nous dit-il, *combien peu l'injustice & la cruauté coutent à la charité Chrétienne.* Cet impie connoît-il les caractères de la charité Chrétienne ? Où nous montrera t-il qu'elle puisse jamais commander l'injustice & la cruauté ? Partout elle ne prescrit qu'amour, que tendresse pour ses frères ; elle étouffe les plus petits mouvemens de haine & de vengeance même contre ses ennemis. La charité Chrétienne est douce, elle est patiente, elle ne cherche point ses propres intérêts, elle ne se pique & ne s'aigrit point ; elle ne se réjouit point de l'injustice, elle n'inspire aucun mauvais dessein, elle tolère tout, elle souffre tout; les maux de ses frères la pénétrent de la plus vive douleur; elle souhaiteroit être anathême pour eux. Tels sont ses caractères. Tous ceux dont les actions ne sont point réglées sur ces principes, n'agissent point par la charité Chrétienne : s'ils sont cruels & injustes, c'est parce qu'ils manquent de cette charité; la cupidité & les passions sont la régle de leurs désirs & l'ame de leur conduite. Que la charité Chrétienne s'empare de leurs cœurs, l'injustice & la cruauté en seront bien-tôt bannies. Mais telle est l'injustice de Rousseau, de mettre toujours sur le compte de la Religion Chrétienne les iniquités & les désordres que les hommes ne commettent que parce qu'ils s'en écartent.

L'avidité, continue Rousseau, *nous donne du zèle, & ils font trop riches pour n'avoir pas tort.* S'ils font trop riches, donc nous n'exerçons point la tyrannie à leur égard ; ils ne peuvent se plaindre d'être à notre discrétion, ni nous accuser d'injustice envers eux. Quand on connoît un peu les Juifs, on sçait mieux que Rousseau qui d'eux ou des Chrétiens est coupable d'injustice. Ils sont riches, mais par combien de moyens injustes & illégitimes ne le deviennent-ils pas ? Ils se font gloire de tromper les Chrétiens, & d'user à leur égard de toutes sortes de fraudes.

Vous convertirez, ajoute Rousseau, *quelque misérable, payé pour calomnier sa Secte, vous ferez parler quelques vils frippiers, qui céderont pour vous flatter ; vous triompherez de leur ignorance ou de leur lâcheté, tandis que* leurs Docteurs fouriront en silence de votre ineptie. Mais croyez-vous que dans les lieux où ils se sentiroient en sûreté, l'on eût aussi bon marché d'eux? Paul & les autres Apôtres, les Disciples de Jesus-Christ & les Fidèles de l'Eglise de Jérusalem, étoient-ils des misérables payés pour calomnier leur Secte? Etoit-ce quelques vils frippiers qui cédoient pour nous flatter? Ces hommes si désintéressés, si dépouillés des choses de la terre, qui sacrifioient tout pour rendre témoignage à la vérité de l'Evangile, qui ne cédoient pas même à la rigueur des plus cruels tourmens, étoient-ils des ignorans & des lâches, eux d o la lumière a éclairé toute la terre, a dissipé les ténèbres qui en couvroient toute la surface; eux dont la force a triomphé de tout ce que le monde a de plus terrible & de plus redoutable ? Il ne tenoit qu'à eux de vivre en paix, de se mettre en sûreté ; rien de plus libre & de plus volontaire que leurs souffrances. Qu'y gagnoient-ils pour la vie présente ? Il falloit donc qu'ils fussent bien vivement persuadés de la certitude des vérités qu'ils confessoient, pour se livrer avec joie à tant de maux, d'épreuves & de contradictions.

Si aujourd'hui la crainte ou l'intérêt fait parler quelques vils frippiers d'entre les Juifs en faveur de la Religion Chrétienne, de pareils témoignages sont indignes d'elle, elle les désavoue. Ceux qui les auroient mandiés, achetés ou contraints, agissent par un autre esprit que celui de la Religion Chrétienne, qui n'a pas besoin de pareils moyens pour s'étendre & se soutenir. Encore une fois, pour juger sainement d'une Religion, remontons à son véritable esprit, & ne nous arrêtons pas à la conduite de ceux qui le méconnoissent ou qui s'en écartent.

Les Docteurs des Juifs, nous dit Rousseau, *sourient en silence de notre ineptie*. Mais qu'ont-ils à dire ? Que peuvent-ils nous objecter qui ne montre la profondeur de leur aveuglement ? Qu'on les suive, ces Docteurs, dans tous les temps, depuis Jésus-Christ jusqu'à nous, par-tout on ne voit chez eux que malice, mauvaise foi, fureur implacable contre Jésus-Christ & ses Disciples, calomnies atroces, vaines chicanes, mauvaises défaites.

La grande raison qu'ils donnent de ce qu'ils ont rejetté Jesus Christ, est a seule qui se trouve dans tous leurs Ecrits, dans le Talmud & les Rabins, c'est que Jesus-Christ n'a pas dompté les Nations à main armée. Il a succombé, disent-ils, il a été tué, il n'a pas dompté les Payens par sa force, il ne nous les a pas soumis, il ne nous a pas enrichis de leurs dépouilles. Ces aveugles s'étoient flattés que le Messie les délivreroit de la servitude des Princes étrangers, qu'il les feroit régner sur toute la terre, qu'il paroîtroit avec l'éclat d'un grand Conquérant, qu'il en imposeroit à tous les Peuples par la terreur de ses armes, & qu'il les rendroit tributaires des Juifs. Tombés sous la domination des Romains, n'écoutant que leurs sentimens d'orgueil & d'indépendance, ils ne souffroient cet état qu'avec une dure impatience. Plus ils se sentoient pressés du joug des Gentils, plus ils concevoient pour eux de haine & de jalousie. Dès-lors ils ne voulurent plus de Messie qui ne fût guerrier, & redoutable aux Puiſſances qui les captivoient. Ainſi, oubliant tant de prophéties qui leur parloient ſi expreſſément de ſes humiliations, ils n'eurent plus d'yeux ni d'oreilles que pour celles qui leur annonçoient des triomphes, quoique bien différens de ceux qu'ils déſiroient. Ces aveugles rejetterent Jeſus-Chriſt, parce qu'ils ne voyoient en lui que la ſolide grandeur deſtituée de tout cet appareil qui frappe les ſens, & qu'il venoit plutôt pour condamner leur aveugle ambition, que pour la couronner. Inſenſés, qui ne voient pas que leurs plus grands ennemis ne ſont pas les hommes, mais les vices & les dérèglemens de leurs déſirs corrompus !

Quel avantage nous eût procuré le Meſſie que les Juifs ſe figurent ? Tout ce qu'il nous eût offert n'étoit propre qu'à entretenir notre orgueil & notre vanité ; il n'eût point connu nos véritables maux, il n'eût fait qu'enflammer nos passions ; il les eût autorisées, & s'en fût rendu le ministre au lieu de les guérir. Bien loin de nous rendre meilleurs, il n'eût travaillé qu'à nous rendre plus dangereusement malades ; & ignorant l'excellence de l'homme, ce qui est capable de le rendre heureux ; il eût substitué des biens terrestres & passagers que nous devons méprifer, aux biens solides que nous devons seuls désirer.

Il ne nous en faudroit pas davantage pour rejetter un pareil Messie ; nous devrions le fuir comme un séducteur, qui vient pour nous perdre en nous flattant ; loin de mettre notre confiance en lui, nous devrions le détester, comme étant d'intelligence avec l'ennemi de notre salut.

Pour peu qu'on soit de bonne foi, on conviendra aisément que Jesus-Christ le vrai Messie, est venu dans la manière & les circonstances où nous pouvions raisonnablement l'attendre.

L'homme devenu coupable & prévaricateur, la justice divine exigeoit une réparation proportionnée à l'énormité de l'offense : aucune créature, quelque excellente qu'elle fût, ne pouvoit réparer dignement l'outrage que le péché avoit fait à la Divinité. Jesus-Christ vient au monde pour le réconcilier avec Dieu; il se charge de notre dette, il veut satisfaire pour nous. Comment pourroit-il, après cet engagement, se dispenser de souffrir & de s'humilier ?

L'homme égaré ne sçavoit plus en quoi consistoit son véritable bonheur; il étoit accoutumé à le chercher dans les biens trompeurs de la vie préfente. Jefus-Chrift veut le détromper, le ramener de fon égarement, lui apprendre à méprifer les chofes de la terre, en détacher fon cœur pour l'élever vers les biens éternels, feuls dignes d'être aimés, feuls capables de remplir la vafte étendue de nos défirs. Il étoit donc néceffaire, pour nous inftruire efficacement, & nous défabufer, que l'Homme-Dieu commençât lui-même par fe dépouiller & fe priver de ce que l'homme cherchoit avec tant d'ardeur : autrement l'homme n'eût regardé les leçons de fon Sauveur, que comme les vaines fpéculations d'un Philofophe, que fes actes démentoient, & qu'il n'étoit pas poffible de réduire en pratique.

Le plus grand mal de l'homme, devenu pécheur, c'eft qu'il ne craignoit rien tant que de souffrir & de s'humilier; rien cependant ne lui étoit plus utile & plus nécessaire. Il étoit impossible avec cette crainte & cette horreur, qu'il pût s'attacher au souverain bien & le suivre constamment : les maux & les afflictions de la vie présente l'en eussent bien-tôt détourné. La Sagesse éternelle, revêtue de notre humanité, va lui montrer par toute sa conduite, combien il doit estimer les souffrances & les humiliations, puisqu'elle en fait toute sa gloire & ses délices; elle va lui faire sentir combien il doit peu les redouter, puisque cet homme auquel elle s'est unie, en triomphe avec tant d'éclat. Par des leçons si vives & si touchantes, Jesus-Christ parlera aux hommes bien plus efficacement que par tous les raisonnemens imaginables.

L'homme d'ailleurs n'en étoit plus susceptible ; il avoit éteint toutes les lumières de sa raison, pour ne plus écouter que les sens ; il avoit poussé la folie jusqu'à servir & adorer les plus viles créatures. Raisonner avec un malade de cette espèce, que la violence de ses passions fait extravaguer, qui est tombé dans le délire & la frénésie, on ne fera que l'irriter & rendre son mal irrémédiable. Aussi qu'ont gagné tous les Philosophes avec tous leurs discours pompeux & leurs subtils raisonnemens ? Ont-ils renversé un seul de ces autels où tant de monstrueuses Divinités étoient adorées ? Où sont ces Sages ? Qu'ont-ils produit ? Jesus-Christ, voulant guérir l'homme, s'y prendra d'une autre manière ; il va achever de confondre sa raison par le mystère de sa Croix ; & c'est ainsi qu'il portera le reméde jusqu'à qu'à la source du mal. L'idolatrie tiroit son origine de ce profond attachement que nous avons pour nousmêmes. C'est lui qui avoit fait inventer aux hommes des Dieux semblables à eux, des Dieux sujets à leurs vices & à leurs passions. Sous le nom de ces prétendues Divinités, les hommes adoroient réellement leurs penchans déréglés, leurs crimes & leurs désordres. Jesus-Christ, pour les ramener, vient imprimer dans leurs cœurs l'amour de la croix, au lieu de celui des plaisirs; il vient leur apprendre, par ses souffrances & sa pauvreté, à renoncer à tout, à tout sacrifier. Par-là les Idoles qu'on adoroit extérieurement, seront bien-tôt renversées & détruites, parce que celles qu'on adoroit au-dedans ne subsisteront plus. L'homme, loin de faire Dieu semblable à lui, va désormais travailler à devenir semblable à son Dieu.

Pouvoit-on imaginer un plus grand reméde aux maux de l'homme, & qui fût plus digne de la bonté & de la Sagesse divine ? Que de profondeur dans cette merveille d'un Dieu fait homme, & devenu humble jusqu'à la mort de la croix pour sauver l'homme ! La sagesse en est si sublime, qu'elle paroît une folie à notre fausse sagesse qui ne peut y atteindre. L'homme vouloit des Dieux qui ne fussent que des hommes, & encore des hommes vicieux comme lui. Pour redresser son égarement, & s'accommoder à sa foiblesse, un nouvel objet d'adoration se présente à lui. C'est un Dieu, mais devenu homme, qui n'a rien perdu de ce qu'il étoit, en prenant ce que nous sommes ; qui s'est abaissé jusqu'à nous sans se dégrader, pour nous élever jusqu'à lui. C'est un adorateur égal en tout à celui qu'il adore, qui vient réparer les défauts de notre culte ; & qui unissant aux siennes les adorations des membres qu'il s'incorpore, leur communique le prix infini dont il est par lui-même la source & le principe.

Mais si Jesus-Christ vient parmi les hommes dans un état de pauvreté & d'abaissement ; s'il paroît dans un dépouillement universel de toutes les choses de la terre, que de grandeurs réelles ne montre-t-il pas à travers les voiles qui le cachent ! Qu'on suive toutes les circonstances de sa vie, par tout on le verra agir en Dieu. Les Docteurs assemblés dans le Temple, voient avec frayeur son enfance plus sage & plus éclairée que toute la sagesse des vieillards. Il ouvre sa mission par une multitude de merveilles inouies : il les fait avec empire, le principe en eſt en lui même ; il les opère en maître qui commande à la nature qu'il a formée ; & comme autrefois il a dit, & tout a été fait, il dit encore, & tout eſt rétabli ; ſa vertu divine ſe montre de toute part : le toucher, c'eſt être guéri : s'il eſt pauvre, il fait voir dans ſon indigence, qu'il eſt le principe de tous les biens, celui qui en diſpoſe à ſon gré, le père qui nourrit tous les hommes, qui multiplie les êtres & leur donne l'accroiſſement. Les Démons ne peuvent ſoutenir l'éclat de ſa préſence, ils reconnoiſſent leur Juge, ils fuient avec effroi ; tous les élémens le reconnoiſſent pour leur maître, ils obéiſſent à ſa parole : les flots ſe calment à ſa voix, les eaux s'affermiſſent ſous ſes pas.

La ſcience de l'avenir n'a rien qui

le frappe, qui le trouble & le surprenne : il en parle comme du présent, il fait voir qu'elle lui est naturelle, qu'il la tire de son propre fond; que tous les siécles sont rangés par ordre devant lui, & qu'il en régle tous les événemens : il lit dans le fond des cœurs, il en prévient toutes les pensées & tous les mouvemens : il tient dans sa main la volonté des hommes, il la tourne à son gré ; il se fait suivre & obéir par qui il lui plaît, & montre qu'il ne tiendroit qu'à lui de fléchir & rendre dociles les plus endurcis & les plus rebeles. Avec quelle sagesse ses réponses ne sont-elles pas dirigées ! Il confond chaque fois toute la malice combinée de ses ennemis, & ne leur laisse que le honteux désespoir de n'avoir rien à répliquer.

Quelle beauté ! quelle élévation

dans sa doctrine ! tout y est digne de la plus saine raison, & tout y étonne la raison : tout y est admirablement proportionné à la misère, aux besoins & à l'excellence de l'homme. Ce ne sont pas quelques traits épars & imparfaits, comme on pourroit en trouver ailleurs ; c'est un systême complet de la justice la plus parfaite & la plus sublime. Cependant celui qui dit des choses si merveilleuses, est un homme sans lettres & sans étude, qui s'élève tout-à-coup au-dessus de ce que les plus grands Philosophes, les Sages de tous les temps avoient pu découvrir par leurs longues veilles & leurs profondes méditations. Où a-t-il donc pris ce qu'aucun homme n'a pu pénétrer avant lui ? Ce qui est encore plus frappant, il traite les plus grandes vérités sans peine & sans effort ; il les propose avec l'assurance d'un Maître ;

il les expose avec une simplicité ravissante. Sa doctrine est mille fois plus élevée que tout ce que les hommes avoient pu inventer jusqu'alors ; & cependant il a le secret de la mettre à la portée des plus simples & des plus ignorans. Qui n'admireroit la condescendance avec laquelle il tempere la hauteur des plus grands mystères ? C'est du lait pour les enfans, & tout ensemble du pain pour les forts. Plein des secrets de Dieu, il n'en est point étonné comme les autres mortels à qui Dieu se communique, il en parle naturellement, comme étant né dans ses secrets ; & il fait bien voir aux hommes que la vérité toute entière préside en lui personnellement. Quelle sainteté dans sa vie ! quel amour pour la vertu ! quel mépris des choses du monde ! quelle indifférence pour l'estime & la gloire des hommes ! quel zèle pour celle de l'Etre souverain ! quelle charité, quel empressement pour le salut des hommes ! quelle égalité d'ame ! A-t-il jamais paru un homme si exempt de toutes les foiblesses les plus inséparables de l'humanité ? On ne voit chez lui aucun de ces intervalles où l'homme se retrouve. Par-tout sa sainteté éclate, & toutes ses actions sont la plus fidèle expression de sa doctrine & de ses préceptes. Jamais homme n'a fait ressentir aux autres tant de douceur & de bonté, & ses bienfaits ne sont récompensés que par de continuelles persécutions. Il ne cesse de faire du bien a des ingrats, sa charité & son zèle pour eux lui attirent les derniers supplices. Il meurt sans trouver ni reconnoissance dans ceux qu'il oblige, ni fidélité dans ses amis, ni équité dans ses Juges ; & malgré une si terrible épreuve, il conserve toujours la même paix, la même constance, la même charité.

Mais laissons parler ici Rousseau :
« Quelle douceur (a), nous dit-il,
» quelle pureté dans ses mœurs ! quel-
» le grace touchante dans ses instru-
» ctions ! quelle élévation dans ses ma-
» ximes ! quelle profonde sagesse dans
» ses discours ! .... quel empire sur
» ses passions ! Où est l'homme, où
» est le Sage qui sçait agir, souffrir &
» mourir sans foiblesse & sans osten-
» tation ? Quand Platon peint son
» juste imaginaire, couvert de tout
» l'opprobre du crime, & digne de
» tous les prix de la vertu, il peint
» trait pour trait Jesus-Christ : la
» ressemblance est si frappante, que
» tous les Pères l'ont sentie, & qu'il
» n'est pas possible de s'y tromper «.

(a) Tom. III, p. 172.

Qu'il est donc grand, cet Homme-Dieu, même dans ses bassesses & ses humiliations! Il ne souffre que quand il veut; il ne tombe entre les mains de ses ennemis, que parce que son heure est venue; il leur montre qu'ils n'ont de pouvoir sur lui, que celui qu'il veut bien leur donner. Il meurt parce qu'il a résolu de quitter son ame pour un temps. Mais à peine est-il expiré sur la Croix, que l'impression de sa puissance & de sa grandeur se fait sentir par-tout. Toute la nature, émue & en désordre, reconnoît son maître; le Soleil qui se cache, publie qu'il lui commande encore même après sa mort; les tombeaux qui s'ouvrent pour rendre leurs morts, reconnoissent qu'il est celui qui conduit aux portes de la mort & qui en retire; ils annoncent que celui qui vient d'être mis à mort, n'a point perdu la puissance de reprendre une vie qu'il a quittée si librement. Il ressuscite en effet au terme marqué, & il confond pour jamais l'envie, la malice & toutes les vaines précautions de ses ennemis.

Il apparoît à ses Disciples qui l'avoient abandonné, & qui s'obstinoient à ne point croire sa résurrection. Ils le voient, ils lui parlent, ils le touchent, ils sont convaincus. Pour confirmer en eux la foi de sa résurrection, il se montre à diverses fois & en diverses circonstances. Ses Disciples le voient en particulier, ils le voient aussi tous ensemble, il paroît une fois à plus de cinq cents assemblés. L'Apôtre qui a écrit ce fait, proteste que la plûpart d'eux vivoient encore dans le temps qu'il l'écrivoit. Il ne se montre point au peuple & à ses ennemis, parce que ces incrédules, qui avoient méprifé toutes les lumières dont il avoit voulu les éclairer, s'étoient rendus abfolument indignes de ce nouveau bienfait, & parce que la foi deftinée à de fi grandes récompenfes, devoit auffi couter quelque chofe à l'homme. Mais Jefus Chrift reffufcité donne à fes Apôtres & à fes Difciples tout le temps qu'ils veulent pour le bien confidérer; & après s'être mis entre leurs mains en toutes les manières qu'ils fouhaitent, en forte qu'il ne puiffe plus leur refter le moindre doute, il leur ordonne de porter par toute la terre le témoignage de ce qu'ils ont vu, de ce qu'ils ont oui & de ce qu'ils ont touché; & afin qu'on ne puiffe douter de leur bonne-foi & de leur perfuafion, il les oblige à fceller leur témoignage de leur propre fang. Par-là leur prédication devient inébranlable, fon fondement est un fait positif attesté unanimement par ceux qui l'ont vu ; & leur sincérité est justifiée par la plus forte épreuve qu'on puisse imaginer, qui est celle des tourmens & de la mort même.

N'est-il pas plus grand & plus glorieux à J. C. d'avoir triomphé de la mort en ressuscitant, que de l'avoir évitée en se conservant la vie ? Et puisqu'il a pu sortir vivant & immortel de son tombeau, ne lui eût-il pas été plus aisé de descendre de sa croix, lorsque les Juifs l'en défioient pour l'insulter ? Qu'y a-t-il de plus fort que cette main du Sauveur qui a vaincu le monde, non armée du fer, mais après sa mort, mais après avoir été ignominieusement clouée & percée ? Où sont les Conquérans qui, après leur mort, ont soumis la terre par la seule vertu de leur nom ? Le régne & l'empire de Jefus-Chrift tout fpirituel, fondé uniquement fur la juftice & la fainteté, établi fur la victoire des vices & des paffions, n'eft-il pas plus digne de nos hommages qu'un empire terreftre & paffager qui ne fait que des malheureux ? Qu'il faut être puiffant pour exercer fon régne fur les cœurs & les volontés, & agir fur elles par fon amour & fa grace, plus efficacement que les Rois n'ont jamais fait par le fer & la terreur de leurs armes !

„ Il eft donc ridicule de fe fcanda-
„ lifer de la baffeffe de Jefus-Chrift,
„ comme fi cette baffeffe (a) étoit du
„ même ordre que la grandeur qu'il
„ venoit de faire paroître. Il eût été
„ inutile à notre Seigneur Jefus-Chrift
„ pour éclatter dans fon régne de
„ fainteté, de venir en Roi ; mais

(a) *Pafcal.*

» qu'il est bien venu avec l'éclat de
» son ordre ! O qu'il est venu en gran-
» de pompe & dans une prodigieuse
» magnificence aux yeux du cœur, &
» qui voient la sagesse ! Quel hom-
» me eût jamais plus d'éclat que Je-
» sus-Christ ? Le peuple Juif tout en-
» tier le prédit avant sa venue : le
» peuple Gentil l'adore après qu'il est
» venu : les deux peuples Gentil &
» Juif, le regardent comme leur cen-
» tre; & cependant quel homme jouit
» jamais moins de tout cet éclat....
» jamais homme n'a eu tant d'éclat,
» jamais homme n'a eu plus d'igno-
» minie; tout cet éclat n'a servi qu'à
» nous pour nous le rendre recon-
» noissable, & il n'en a rien eu pour
» lui. »

Tendons donc les bras à notre Libérateur, qui ayant été promis durant quatre mille ans, est enfin venu souffrir

& mourir pour nous dans les temps & toutes les circonstances qui en ont été prédites.

Mais voici la grande objection de Rousseau en faveur des Juifs. » En » Sorbonne, nous dit-il, il est clair » comme le jour (a) que les prédi- » ctions du Messie se rapportent à » Jesus-Christ. Chez les Rabins d'Am- » sterdam, il est tout aussi clair qu'el- » les n'y ont pas le moindre rap- » port «. Mais à qui les Juifs ont-ils pu persuader ce qui leur paroît si clair ? Jesus-Christ, au contraire, a persuadé aux Peuples & aux Nations ce que les Juifs refusent de reconnoître. Mais que Rousseau est lui-même aveugle, puisqu'il objecte contre la Religion Chrétienne ce qui forme en sa faveur l'argument le plus victorieux ! Oui, si le corps des Juifs avoit

(a) Tom. III, p. 162.

vu Jesus-Christ dans les prophéties du Messie, nous ne devrions point regarder Jesus-Christ comme le Messie. Par-tout les Ecritures nous ont annoncé que les Juifs seroient frappés d'aveuglement à l'égard du Messie & qu'ils le rejetteroient. *La pierre rejettée par les Architectes est (a) devenue la principale pierre de l'angle; leurs yeux sont obscurcis (b) pour ne point voir.* C'est en vain que Dieu *étend ses mains pendant tout le jour (c) vers ce peuple incrédule* pour l'attirer à lui. *Ils écoutent ce qu'on leur dit (d), sans le comprendre; ils voient ce qu'on leur montre, sans en avoir l'intelligence; leur cœur est aveuglé, leurs oreilles sont sourdes, leurs yeux sont fermés. Le Seigneur cache son visage à la maison*

(a) Psal. 117.
(b) Psal. 68.
(c) Isaïe. 65.
(d) Ibid. 6.

Partie II. Hh

de Jacob (a), *il sera pour eux une pierre d'achopement, une pierre de scandale pour les deux maisons d'Israël, un piége & une occasion de chûte pour les habitans de Jérusalem. Ils se heurteront contre cette pierre, ils tomberont & se briseront. Le Seigneur va couvrir d'un voile leurs Chefs & leurs Conducteurs* (b), *& toutes les visions des vrais Prophetes seront à leur égard comme les paroles d'un Livre scellé avec des sceaux. Dieu fera à l'égard de ce Peuple un prodige, un événement extraordinaire qui surprendra tout le monde;* & le voici: *La sagesse de leurs Sages périra, & la lumière de ceux qu'ils regardent comme des hommes intelligens, sera couverte d'épaisses ténèbres.* La manière dont les Juifs expliquent les Ecritures qui regardent

---

(a) Isaïe 8.
(b) Ibid. 29.

le Meſſie, ne doit donc pas nous embaraſſer. *Ils attendoient la lumière, & ils ſont dans les ténèbres (a); ils eſpéroient un grand jour, & ils ſont dans une nuit ſombre; ils marchent à tâton, & ils ſe heurtent en plein midi.* Ainſi leur aveuglement prédit ſe tourne en preuve pour la Religion Chrétienne.

Mais que pourront répondre les Juifs aux prophéties ſi claires que Jeſus-Chriſt a faites ſur leur Ville & ſur leur Temple? Elles ſont nettes, préciſes, & triomphantes. Jeſus-Chriſt s'appliquant les anciennes prophéties qui concernoient le Meſſie, prédit aux Juifs la deſtruction prochaine du Temple & de la Ville, comme le châtiment de leur ingratitude, & du refus qu'ils faiſoient de croire en lui. Pénétré de douleur ſur l'endurciſſe-

(*a*) Iſaïe, 59.

ment de Jérusalem, il pleure sur elle en disant : *Ah ! si tu avois reconnu au moins en ce jour qui t'est encore donné (a), ce qui pouvoit t'apporter la paix ! mais maintenant tout ceci est caché à tes yeux : car il viendra un temps malheureux pour toi, où tes ennemis t'environneront de tranchées, t'enfermeront & te serreront de toutes parts ; ils te raseront & te détruiront entièrement toi & tes enfans qui sont dans tes murs ; ils ne te laisseront pas pierre sur pierre, parce que tu n'as pas connu le temps auquel Dieu t'a visité.* Jesus-Christ leur déclare que *tout le sang innocent qu'ils ont répandu depuis Abel jusqu'à Zacharie* (b), *va retomber sur la race actuellement subsistante ; que Jérusalem ne l'ayant pas écouté lorsqu'il a voulu rassembler ses enfans,*

(a) S. Luc, 19.
(b) S. Matth. 21.

le temps approche que ses maisons vont être désertes. Les Disciples de Jesus-Christ, voulant lui faire admirer la grandeur & la beauté de l'édifice du Temple, Jesus leur répondit : *Vous voyez tous ces bâtimens* (a), *je vous dis en vérité qu'ils seront tellement détruits, qu'il n'y demeurera pas pierre sur pierre.* Il leur annonce enfin que *toutes ces choses viendront sur la race actuelle* (b), & que *cette génération ne passera pas que toutes ces choses n'arrivent.* Il n'est plus question que de consulter l'Histoire, pour y trouver le plus fidèle accomplissement des prédictions de Jesus-Christ.

Qu'on consulte Josephe, Juif de Nation & de Religion, Général des Juifs au commencement de la guerre, & fait prisonnier par l'armée Ro-

(*a*) S. Matth. 24.
(*b*) S. Marc, 13.

maine, qui a vu de ses yeux tout ce qu'il raconte du siége de Jérusalem & de sa destruction; un pareil Auteur ne peut être suspect, il a tous les caractères qu'on peut exiger pour mériter une entière croyance. Jérusalem, selon la prédiction de Jesus-Christ, doit être environnée de tranchées & enfermée de toutes parts. Josephe nous apprend aussi, que Jérusalem, outre les tranchées ordinaires, fut environnée d'une grande muraille qui l'enfermoit de tous côtés. Jesus-Christ avoit prédit que le temps s'approchoit où l'on diroit: *Heureuses les stériles & les entrailles qui n'ont point porté d'enfant* (a), *& les mamelles qui n'en ont point nourri.* Tout ce que Josephe nous rapporte des horreurs de cette guerre, de la famine affreuse qui désola la Ville, & porta les mères à

(a) S. Luc, 19.

manger leurs enfans, montre le parfait accomplissement de la prophétie de Jesus-Christ. Il avoit marqué que la désolation seroit si grande, qu'on n'en auroit jamais vu une pareille. Avoit-on jusqu'alors entendu parler d'un si grand désastre? Ce peuple se déchire dans son propre sein par mille factions : tous les maux imaginables l'accablent & fondent sur lui, peste, famine, meurtres & carnages, tout est conjuré contre eux pour venger le sang du Juste. Pressés par toutes sortes d'extrémités, tandis que Tite ne demande qu'à les sauver, & leur offre plusieurs fois le pardon ; par le comble du dernier aveuglement, ils rejettent toutes ses propositions : chose inouie ! Josephe compte onze cents mille hommes qui périrent dans ce siége. La Ville enfin devenue un monceau de cendre, est prise & renverfée de fond en comble, comme Jeſus-Chriſt l'avoit annoncé. Tite veut au moins ſauver le Temple ; il fait à toute ſon armée de rigoureuſes défenſes d'y toucher : mais le ciel & la terre paſſeront plutôt que la parole de Jeſus-Chriſt : une main inviſible pouſſe un Soldat qui jette un tiſon allumé ; le feu prend. Tite accourt, donne ſes ordres pour qu'on ſe hâte d'éteindre la flamme naiſſante ; tous les efforts ſont inutiles, le Temple en un moment eſt réduit en cendres ; le doigt de Dieu eſt ſi viſible dans toute cette expédition, que Tite même qui les ruine, reconnoît qu'il ne fait que prêter ſa main à Dieu irrité contre eux, & ſervir de miniſtre à la vengeance divine qui pourſuit cet infortuné Peuple. C'eſt ainſi que fut exécuté de point en point l'arrêt prononcé par Jeſus-Chriſt contre les Juifs qui l'avoient méconnu : *Ils te raseront & te détruiront, toi & tes enfans qui sont dans tes murs, parce que tu n'as pas connu le temps où Dieu t'a visitée.*

Toutes ces choses arriverent dans le temps précis qu'il avoit marqué. La race & la génération qui avoit vécu du temps de Jesus - Christ, vit fondre sur elle tous ces malheurs. Enfin Adrien acheva de les exterminer, il en fit périr encore six cents mille. Les tristes restes de ce Peuple (*a*) infortuné furent chassés de leurs terres avec toutes les marques de la colère divine. La Judée leur fut interdite sous des peines très-rigoureuses, & ils furent emmenés captifs dans toutes les Nations, comme Jesus - Christ le leur avoit encore annoncé : *Et captivi ducentur in omnes gentes* (*b*). Peut-on

(*a*) S. Luc, 19, 44.
(*b*) Ibid. 21, 24.

douter encore que Jefus-Chrift ne foit le Meffie promis, & dont les Juifs ont méprifé & méconnu la vifite ? Un pareil châtiment & la prédiction fi claire, fi détaillée & fi bien circonftanciée que Jefus-Chrift en avoit faite, en l'annonçant comme la peine de l'incrédulité des Juifs à fon égard, ne nous garantiffent-elles pas la vérité de l'application qu'il avoit faite à fa perfonne des prophéties qui concernoient le Meffie ? Mais ce qui met le comble à la force de cette preuve, & donne un nouvel éclat à l'immobilité de la prédiction de Jefus-Chrift, c'eft l'entreprife de Julien l'Apoftat. Ce Prince, après avoir déclaré la guerre à Jefus-Chrift, fe croit affez puiffant pour anéantir fes prédictions. Il entreprend de les convaincre de menfonge : il veut ravir à la Religion Chrétienne le témoignage toujours subsistant que lui rend l'état des Juifs, & dont il sent toute la force. Pour cet effet il projette de rétablir le Temple, & de rappeller les Juifs dispersés, toujours prêts à seconder ou à prévenir les Payens dans leur fureur contre les Chrétiens. Ce Prince les anime & les exhorte à concourir à la grandeur de son dessein : il fait les plus grands préparatifs ; il y destine des sommes immenses ; il commet pour l'exécution, *Alypius* d'Antioche, & lui donne pour adjoint, le Gouverneur de la Judée. La Nation Juive accourt de toute part, elle s'épuise de son côté en préparatifs & en dépense : pour travailler sur de nouveaux fondemens, elle arrache ce qui restoit des anciens. C'en est fait, ce semble, des prédictions de J. C. „ L'Edifice du Christianisme (*a*), dé-

_____
(*a*) *De la Bleterie, Vie de Julien.*

» nué du fondement de l'ancienne ré-
» vélation, demeure en l'air & s'é-
» croule de lui-même. Le Temple
» forti de ses ruines, sera le monu-
» ment éternel d'une victoire rem-
» portée par l'idolatrie sur les deux
» Religions qui faisoient profession
» de la combattre ". Mais rassurons-
nous; la parole de Jesus-Christ est
ferme & immuable, & l'homme ne
prévaudra jamais contre elle. Il a bâti
son Eglise sur la pierre, rien n'a pu
la renverser; il a renversé le Temple, rien ne pourra le relever. Les
efforts mêmes des hommes pour détruire la vérité de ses prédictions, ne
serviront qu'à en procurer l'entier accomplissement. C'est aussi où va abou-
tir toute cette grande entreprise.

Les Juifs & les ouvriers de Julien
arrachent ce qui reste des anciens fondemens du Temple, & par-là ils

achévent de vérifier la prédiction de Jesus-Christ, en n'y laissant pas pierre sur pierre, & en abolissant jusqu'aux moindres vestiges. Mais après avoir servi à donner à la prophétie son dernier dégré d'accomplissement, à peine veulent-ils commencer à jetter de nouveaux fondemens, un violent tremblement de terre repousse les pierres avec une force extraordinaire, des tourbillons de feu, sortis avec impétuosité & à plusieurs reprises des entrailles de la terre, dévorent les instrumens, les matériaux & les ouvriers. On fait de nouvelles tentatives, & toujours le lieu est inaccessible. Les prodiges sont si terribles & si persévérans, que l'obstination des Juifs, leur zèle ardent pour le Temple, leur haine contre Jesus-Christ, le pouvoir & les efforts combinés de Julien, sont enfin forcés de céder.

Ainsi l'incrédulité des uns & la témérité de l'autre furent à jamais confondues ; & la vérité des prédictions du Sauveur fut confirmée par ceux-mêmes qui avoient eu l'insolence d'entreprendre de les convaincre de fausseté.

On ne peut contester la vérité de tous ces faits, sans établir le Pyrrhonisme historique le plus insensé ; ils sont confirmés par tout ce qui peut rendre le témoignage des hommes indubitable ; ils sont attestés par Ammien Marcellin, Auteur contemporain (a), Philosophe, grand admi-

---

(a) *Imperii sui memoriam magnitudine operum gestiens propagare (Julianus,) ambitiosum quendam apud Jerosolymam Templum instaurare sumptibus cogitabat immodicis ; negotiumque maturandum Alypio dederat Antiocheni, qui olim Britannias curaverat Pro-præfectis. Cùm itaque rei idem fortiter instaret Alypius, juvaretque Provinciæ Rector, metuendi globi flammarum prope fundamenta crebris adsultibus erumpentes, fecere locum, exustis aliquoties operantibus, inaccessum : hocque modo, elemento obstinatiùs repellente, cessavit inceptum. Lib. 23.*

rateur de Julien, & auſſi attaché que lui au paganiſme. Ils ſont encore rapportés par une multitude d'autres Auteurs également contemporains, ou très-voiſins du règne de Julien. Leur témoignage, quoiqu'il ſoit Chrétien, ne peut être récuſé, puiſqu'il eſt confirmé par celui d'un Payen, & qu'il n'eſt contredit par perſonne. Mais, comme remarque fort bien Sozomène, non-ſeulement ceux qui ont été témoins oculaires de ces merveilles, les atteſtent; mais les Juifs

---

Julien voulant éternifer la mémoire de ſon règne par la grandeur de ſes entrepriſes, forma la réſolution de rebâtir à grand frais ce Temple ſi ſuperbe qui exiſtoit autrefois à Jéruſalem. Il chargea Alype d'Antioche, qui avoit été Sous-Préfet de Bretagne, de hâter l'exécution de ſon projet. Mais tandis qu'Alype, ſecondé du Gouverneur de la Judée, faiſoit tous ſes efforts pour accélérer l'ouvrage, de terribles tourbillons de flammes, pouſſés avec impétuoſité auprès des fondemens, conſumèrent à pluſieurs repriſes les ouvriers, & rendirent par-là le lieu inacceſſible. Ainſi l'opiniâtre réſiſtence de cet élément faiſant échouer toutes les tentatives, l'entrepriſe fut diſſipée. *Ammien Marcellin, Liv. 23 de ſon Hiſtoire.*

& les Payens y rendent, malgré eux, un témoignage décisif. Pourquoi en effet, ont-ils été obligés de renoncer à leur entreprise, d'abandonner l'ouvrage qu'ils avoient commencé ? ou pour mieux dire, pourquoi n'ont-ils pu le commencer ? si ce n'est parce qu'une force invisible les a contraints, par ses prodiges, de renoncer à une entreprise qu'ils poursuivoient avec tant d'ardeur, & que tous les moyens humains s'empressoient de favoriser ?

Qu'attend donc l'Incrédule pour se rendre ? que demande-t-il encore pour reconnoître Jesus-Christ pour son Dieu & son Sauveur ? Ne devroit-il pas imiter l'exemple de deux Incrédules de nos jours, qui n'ont pu se refuser à la preuve si décisive de l'événement que nous venons de rapporter ? Le premier est M. Littleton,

ton, Déiste Anglois, l'un de ces hommes qui passent pour de beaux génies en ne croyant rien. Il fut vaincu par la force du témoignage d'Ammien Marcellin(a). M. Moyle, qui est le second,

(a) Il ne sera pas inutile de faire connoître cet Historien. Né à Antioche vers la fin du règne du grand Constantin; & engagé par sa naissance dans le Paganisme, dont il fit jusqu'à sa mort une profession constante; son métier fut celui de la guerre, & il s'y distingua par sa valeur, sa conduite sage, & sa parfaite fidélité. L'Empereur Constance l'employa dans l'Orient & dans les Gaules; & l'an 363 (ce fut au commencement de cette même année qu'arriva le fait miraleux qui confondit l'Empereur Julien) il accompagna Julien dans sa malheureuse expédition contre les Perses Il continua de servir sous les Empereurs *Jovien*, *Valentinien* & *Gratien*. Enfin las des troubles & des révolutions de l'Empire, il se retira à Rome pour y finir tranquillement sa carrière Ce fut dans le repos de cette retraite qu'il travailla à son Histoire, qui commence à l'Empire de Nerva, & qui finit à la mort de Valens. Son Histoire a été d'autant plus estimée, qu'il ne dit presque rien des événemens de son temps, dont il n'ait été le témoin, ou à quoi il n'ait eu part. Aussi l'a-t-on comparé, pour l'exactitude, à Xénophon & à César. Les Critiques l'ont proposé comme un modèle de modération, d'exactitude & de bonne-foi. Il rend justice aux Chrétiens, quoique imbu des erreurs du Paganisme. Il ne dissimule pas les vices de Julien, quoique son admirateur. Il peint Constance, comme l'eût fait un des Pères de l'Eglise : par-tout cet Historien soutient le caractère d'impartialité : en un mot, la candeur & la

Part. II.   I i

avec les prétendus Esprits forts de notre siécle n'admettoit ni prodiges ni miracles; mais il n'a pu tenir contre la certitude de ceux qui dissiperent l'entreprise de Julien. Il ne peut s'empêcher d'avouer, „ que quoi- „ qu'il ajoute peu de foi aux mira- „ cles rapportés depuis la mort des „ Apôtres ; cependant il n'ose les re- „ jetter tous, à cause de celui qui ar- „ riva du temps de Julien, & qui est „ si extraordinaire dans toutes ses cir- „ constances, & si pleinement atte- „ sté, qu'il ne sçait pas de quel front „ on pourroit les rejetter «. Enfin M. Mosheim, Auteur Ecclésiastique, s'explique en ces termes : „ Je ne sçais „ comment il a pu venir dans l'es- „ prit de quelques sçavans de ce sié- „ cle, d'oser révoquer en doute la vé-

sincérité furent inviolables pour cet Ecrivain. Tel est le jugement qu'en ont porté les meilleurs Critiques.

» rité de cette histoire mémorable :
» car si les Auteurs Chrétiens qui l'at-
» testent, ne leur paroissent pas di-
» gnes de confiance, par quel endroit
» leur seroit suspect Ammien Mar-
» cellin, Historien si équitable, &
» libre de tout préjugé favorable à la
» Religion Chrétienne ? Comment
» pourroient-ils récuser d'autres Au-
» teurs aussi peu suspects ? Pour moi,
» je ne sçais plus sur quels faits ni sur
» quelle histoire ancienne on pour-
» roit compter, s'il étoit permis de
» rejetter celle dont nous parlons,
» quoique appuyée par tant de témoi-
» gnages ; & cela uniquement, parce
» que les faits dont il est question leur
» paroissent moins croyables «.

Nous exhortons Rousseau & ses
Disciples, de lire avec impartialité la
fameuse Dissertation où M. Warburton traite ce point d'histoire avec

toute la sagacité de la critique la plus judicieuse. Ce Sçavant prouve d'abord, que l'entreprise de Julien avoit été formée en des circonstances si intéressantes, que l'honneur de la révélation demandoit nécessairement un miracle divin. En effet, les Livres saints disent clairement, que *Jérusalem & son Temple seront détruits ; & qu'ils ne se reléveront jamais de leurs ruines.* Un Prince impie cherche à décréditer cette prophétie, en projettant de relever le Temple : que doit-on attendre de la sagesse & de la justice de l'Etre suprême ? Permettra-t-il que l'impiété triomphe, & que la majesté de ses décrets soit avilie ? Non, cela n'arrivera jamais. Le Maître des Rois vengera sa gloire, & justifiera à la face de tout l'Univers la véracité inaltérable de sa parole. Dieu ne manquera pas d'opposer un prodige de sa puissance à une incrédulité aussi prodigieuse. Il étoit donc impossible, comme le prouve M. Warburton, qu'une entreprise, aussi impie que celle de Julien, eût le moindre succès. Ainsi rien de moins surprenant que le prodige qui renversa le dessein de cet Empereur; prodige qui est attesté par tout ce qui peut rendre le témoignage des hommes indubitable. Les ennemis du Christianisme les plus à portée de cette révolution, & Julien lui-même, l'avoient confirmée par leur aveu, quoiqu'en s'efforçant d'en couvrir la honte par des subterfuges. Voici comme cet Empereur parle dans une de ses plus célèbres Harangues.

» Que personne ne prétende nous
» en imposer par des paroles, ou
» nous effrayer en alléguant les dé-
» crets de la Providence. Que diront

« en effet, ces mêmes Prophetes
» Juifs, qui nous mettent ces décrets
» devant les yeux ? Que diront-ils de
» leur Temple ruiné pour la troisiéme
» fois, sans avoir encore été rebâti?
» Je ne dis point cela, ajoute l'Empe-
» reur, pour leur en faire un sujet
» de honte, puisque moi-même, en
» ces derniers temps, j'avois pensé à
» le rétablir à l'honneur du Dieu qui
» y étoit invoqué «. Mais, ce qui
est très-remarquable, c'est que Julien,
qui n'avoit en tout cela que des vues
ambitieuses & politiques, fournissoit,
sans le sçavoir, un puissant argument
à la Religion Chrétienne, en avouant
qu'il avoit tenté vainement de décréditer l'oracle de Jesus-Christ sur la
destruction de Jérusalem. Les paroles
dont se sert Julien, comme le dit
M. De la Bleterie, ressemblent bien,
dans la bouche d'un Souverain, à

l'aveu d'une entreprife manquée.

Ce fut, fans doute, dans l'idée flatteufe de réparer cette difgrace, que Julien n'en parut point ébranlé. Peuple en fait de préfages, & Efprit-fort fur les miracles, & lui & fes Philofophes mirent en œuvre ce qu'ils fçavoient de Phyfique, pour dérober à la Divinité un prodige fi éclatant.

M. Warburton ne manque pas de pulvérifer cette mauvaife Phyfique, qui affecte de mettre toujours à l'écart le fouverain Maître de l'Univers; il démontre qu'il eft fans vraifemblance, & même impoffible, que ces éruptions enflammées aient été l'ouvrage d'aucun art humain, & qu'il n'eft pas moins abfurde de fuppofer qu'elles n'aient été qu'un fimple phénomene de la nature. Cet habile Critique, après avoir détruit toutes ces objeétions, prouve que le caractère de la prophétie qui prononçoit que le Temple ne se réléveroit jamais de ses ruines, de même que l'ordre des décrets divins, rendoient ce miracle indispensable pour l'honneur de la Religion. Il observe que l'évidence du témoignage rendu par Ammien Marcellin, est si pleine & si parfaite dans toutes ses parties, qu'il ne se trouve pas une circonstance dans son caractère & dans son récit dont un Incrédule pût se prévaloir pour refuser d'y acquiescer; & qu'il n'y manque pas une particularité qu'un Chrétien pût désirer pour sa conversion. Enfin il conclut que les diverses relations qu'en ont donné les Pères de l'Eglise & les Historiens Ecclésiastiques sont non-seulement d'accord entre-elles, mais se fortifient mutuellement; en sorte que les circonstances de ces relations qui, au premier abord, paroissent les moins croyables, deviennent, après un mûr examen, les plus dignes de créance.

On ne doit donc point être surpris que M. Litleton & M. Moile aient cédé à la force victorieuse de toutes ces preuves; ils auroient bien-tôt des imitateurs, si nos Incrédules étoient d'aussi bonne foi, s'ils examinoient ces faits avec la même sincérité. Mais l'Incrédule ne manque jamais de vains prétextes pour s'aveugler, & dérober à Dieu la divinité de ses œuvres: tantôt c'est une supercherie qu'il est impossible de deviner: tantôt ce sont les forces inconnues (a) de la nature, au moyen desquelles l'Incrédule se vante d'expli-

___
(a) Ces prétendues forces inconnues de la nature, sont la grande ressource des Incrédules. Aussi Rousseau n'a pas manqué d'en faire usage dans son Émile. » Il faut bien sçavoir, dit-il, quels faits

quer tout le merveilleux des événemens extraordinaires. » La Nature, » dit fort bien l'Auteur de la vie de » Julien, fut toujours la ressource des

» sont dans l'ordre de la nature, & quels autres » faits n'y sont pas, pour dire jusqu'à quel point » un homme adroit peut fasciner les yeux des sim- » ples, peut étonner les gens éclairés «. On n'affecte d'exagérer les difficultés de cette connoissance des loix de la nature, que pour anéantir, si l'on pouvoit, la preuve victorieuse des miracles. Au récit des plus grandes merveilles, les impies s'écrient froidement avec Pline : *In quantis natura fide caret !* Avec ce seul mot, ils croient se débarasser du poids incommode des miracles, lorsqu'ils ne peuvent point répandre des doutes sur la vérité des faits. « C'est notre ignorance, disent ils, qui nous » fait paroître miraculeux ce qui ne l'est pas, & » qui nous laisse éblouir par une fausse apparence » de preuve : l'on doit faire toutes les suppositions » possibles, plutôt que d'attribuer à Dieu ce qui » ne vient point évidemment de lui. Il n'est pas » impossible que le corps jetté précipitamment à » côté du tombeau du Prophete Elisée, ne fût » mort qu'en apparence par une profonde léthar- » gie : si cela est possible, il n'est point absurde » de le supposer ; & cette supposition suffit pour » ôter toute idée de surnaturel «. Le moindre Logicien est en état de répondre à ces Incrédules pleins de mauvaise foi, que les faits n'étant ce qu'ils sont que par la réunion de tous leurs caractères & de toutes leurs circonstances, il n'est pas permis de chercher la cause d'un fait dans des circonstances qui ne subsistent point, & qui ne seroient qu'une supposition arbitraire & sans fondement. Il n'est donc point permis, pour expliquer un fait, d'ail-

» Incrédules ; mais elle sert la Reli-
» gion si à propos, qu'ils devroient
» au moins la soupçonner de collu-
» sion «.

leurs inimitable à la nature, d'y supposer de l'imposture & de la fourberie, lorsque non seulement elle n'est point avérée, mais qu'il n'y a nul sujet d'en soupçonner, ni la personne en qui le fait se passe, ni les témoins pleins de probité & attentifs à se précautionner contre l'artifice.

En genre de fait, de toutes les absurdités la plus grande est de supposer ce qui n'est point réellement, ou de conclure qu'une chose est réellement, par la seule raison qu'elle est possible. C'est-là une première notion du bon sens, qui ne peut être obscurcie que par l'intérêt d'une mauvaise cause. Tant il est vrai que, par une secrette permission de Dieu, la raison ne sert personne plus mal, que ceux qui donnent trop à sa doctrine.

Mais, dira notre Incrédule, y a-t-il de l'absurdité à supposer qu'un homme adroit puisse fasciner tous nos sens, nous faire regarder comme réel ce qui ne seroit qu'une illusion, & détruire par-là toutes les marques de vérité dont ces faits prétendus surnaturels pour paroissent revêtus ? Oui, c'est le comble de l'aveuglement de l'esprit humain ; & l'absurdité la plus inconcevable, que de forger le miracle le plus étonnant, & qui n'a jamais existé, précisément pour faire révoquer en doute d'autres miracles plus aisés à concevoir & si bien attestés. Quoi ! on aimera mieux donner à un fourbe le pouvoir de disposer des principales loix de la Nature, en lui accordant un moyen de produire sur d'autres hommes des impressions vives, constantes, uniformes, qui leur feront voir & toucher ce qu'ils ne verront & ne toucheront point

Après tant de preuves & de démonstrations si claires, avec quel fondement Rousseau peut-il nous dire : « Je ne croirai jamais avoir bien réellement : mais n'est-il pas évident qu'il n'est pas moins contre les loix de la Nature, que plusieurs personnes croient voir un homme qu'ils ne voient point, qu'ils croient l'entendre parler & ne l'entendent point, qu'ils croient le toucher & ne le touchent point, qu'il l'est qu'un mort ressuscité ? Il faudroit pour cela renverser les loix de la Nature, relatives aux sens ; & ce n'est pas un moindre miracle d'animer un phantôme, de lui donner une ressemblance qui puisse tromper pendant un temps considérable, plusieurs personnes qui feront usage de tous leurs sens, que de rendre la vie à un mort. La véracité & la bonté de Dieu ne peuvent permettre que qui que ce soit se joue ainsi de la créance des hommes : une telle séduction nous mettroit dans une nécessité invincible de croire le faux ; & c'est ce que Dieu ne permettra jamais ; la vérité de tous les faits est appuyée sur ce principe. Ainsi le rapport constant des sens, un penchant nécessaire & gravé dans notre ame par l'Auteur de la Nature, l'idée de Dieu, cet Etre incapable de tromper & d'être trompé, la raison même, réclament contre une pareille fascination. Ce qu'il y a de plus utile à l'homme, & de plus intéressant pour la vie présente & la vie future, est établi sur ce principe, que les relations des sens, quand elles sont multipliées, constantes & uniformes, donnent une conviction à laquelle il est impossible de résister. La saine Métaphysique démontre que Dieu, cet Etre infiniment bon & infiniment sage, ne permettra jamais que je me trompe en jugeant & sur le rapport constant de mes sens, & sur le penchant

» entendu les raisons des Juifs, qu'ils
» n'aient un état libre, des Ecoles,
» des Universités où ils puissent par-
» ler & disputer sans risque : alors

nécessaire & légitime qu'il a mis dans mon ame.
Elle me démontre également, que c'est faire un
bon usage de notre raison, que de croire ce qui
paroît réel à plusieurs personnes qui ne sont ni en
délire, ni plongées dans le sommeil, ni privées de
l'usage d'aucun de leurs organes, sans qu'il y ait
aucune marque pour reconnoître la fausseté : en un
mot, le fondement de toutes les certitudes est ébranlé, si l'on affoiblit tant soit peu la certitude des
sens. Il est fort aisé de voir le but de ces Incrédules, qui cherchent à infirmer cette certitude : ils
sçavent bien que les Auteurs de notre divine Religion nous rappellent à tout moment au témoignage
des sens. La preuve de la divinité de leur mission
est établie sur ce que les yeux ont vu, sur ce que
les oreilles ont entendu, sur ce que les mains ont
touché : *Quod audivimus, quod vidimus, oculis no-
stris, quod perspeximus & manus nostræ contrecta-
verunt de verbo vitæ .... annuntiamus vobis.* I. Epît.
S. Jean, ch. 1, v. 1.

» Pourquoi ne jugez vous pas vous-mêmes de ce
» qui est juste, disoit Jesus-Christ au peuple, té-
» moin de ses miracles. Si vous ne croyez pas sur
» mon témoignage, croyez à celui de mes œu-
» vres : elles attestent que je suis l'Envoyé de Dieu «.
Pourquoi Jesus-Christ adresse-t-il cette parole à tous
indistinctement ? c'est que la preuve des miracles
tire sa force primitive & directe de l'usage légitime
& raisonnable des sens, dont tout le monde est capable. C'est donc pour tous les hommes & pour
tous les temps, qu'en genre de miracles, il est écrit :
Jugez par vous-même de ce qui est équitable : *Quid*

» seulement nous pourrons sçavoir ce
» qu'ils ont à dire ». Encore un coup
ne publient-ils pas à toute la terre le
Déicide qu'ils ont commis en la per-

autem & à vobis ipsis non judicatis quod justum est.
S. Luc, ch. 12, v. 57.

On voit aussi dans l'Evangile, que Jesus-Christ, après sa Résurrection, rappelle ses Apôtres au témoignage de leurs sens, & prouve par-là évidemment, que tous les prestiges, soit humains, soit diaboliques, ne sçauroient soutenir l'épreuve du toucher. Ce divin Sauveur voulut bien que ses Disciples fissent cette épreuve-là, après s'être ressuscité, pour nous montrer qu'il étoit impossible que tous les sens fussent fascinés en même temps. Il suffit donc de renvoyer ceux qui soutiennent un système aussi insensé, à la lecture de l'Evangile du Mardi de la semaine de Pâques : pour les Incrédules, qui n'admettent point les Livres saints, nous les renverrons à leur témoignage intérieur, qui seul suffira pour leur ouvrir les yeux : nous leur demanderons seulement de la droiture & de la sincérité, & ils seront obligés d'avouer que la régle de nos jugemens par rapport aux faits, s'applique également aux miracles & aux faits naturels ; que les marques de vérité qui ne permettent pas de douter d'un fait naturel qui s'en trouve revêtu, peuvent convenir aussi aux faits surnaturels. En effet, un événement, pour être contraire aux loix de la Nature, n'en est pas moins susceptible de preuves. Les loix de la Nature sont entiérement indépendantes d'un fait que nous voyons ou que l'on nous atteste : ce sont les mêmes yeux qui ont vu Lazare mort, qui l'ont vu ressuscité : il n'y a qu'une différence entre les faits naturels & les miracles : pour ceux-ci, on pousse les choses à la rigueur, &

tonne de Jésus-Christ ? Qu'ont-ils qui puisse prouver que Dieu est encore avec eux ? Depuis que Jésus-Christ est venu, il n'y a plus de Pro-

l'on demande qu'ils puissent soutenir l'examen le plus sévère : pour ceux-là, on ne va pas à beaucoup près si loin. Si l'on veut examiner la difficulté, on verra qu'elle n'est fondée que sur ce qu'on se sert de la règle des faits pour examiner un miracle, & qu'on ne s'en sert pas ordinairement pour un fait naturel. Ainsi on a droit de conclurre que la vue & le toucher sont juges compétens des faits extraordinaires, comme des faits purement naturels ; que la certitude qui vient à l'homme par le concours des différens rapports de ses sens, est en effet celle dont une constante expérience lui apprend à ne se pas défier ; qu'il n'y résiste que par un abus visible de sa raison & de sa liberté ; & que le système de la fascination entière & durable, est aussi contraire à la saine raison qu'à la bonne Théologie.

Quant à l'ignorance des forces & des ressources cachées de la nature, & de certaines loix qui nous échapent, à laquelle seule l'Incrédule ose attribuer tout le merveilleux qui caractérise l'histoire de la Religion ; nous emprunterons de M. Boullier, excellent Métaphysicien, & qui ne doit pas être suspect à Rousseau, les argumens qui font disparoître ce vain sophisme. Cet Auteur établit d'une manière lumineuse, que l'ordre de la Nature nous est assez connu, pour que nous puissions, avec une attention raisonnable, démêler parmi les effets inconnus, ce qui peut appartenir à l'ordre purement naturel, & ce qui appartient à un ordre supérieur. Cet ordre de la Nature est à la vérité le résultat de plusieurs loix qui se modi-

phêtes parmi eux ; ils ne peuvent nous montrer un seul miracle dont Dieu les ait favorisés, comme il faisoit auparavant. La question est aisée fient les unes les autres : il ne se manifeste que par dégrés, nous ne le connoissons pas tout entier; on fait chaque jour des progrès dans cette étude. Tous les jours, à l'aide de l'expérience & de la réflexion, le Physicien démêle de nouvelles propriétés dans les corps, de nouveaux agens naturels, de nouvelles loix qui réglent & qui combinent leur action ; mais à mesure que ces nouveaux effets se manifestent, ils viennent se ranger sous cet ordre uniforme & invariable de la Nature, comme les nouvelles découvertes en Géométrie vont prendre d'elles-mêmes leur place dans la chaîne générale des vérités. Un effet naturel, quoique inconnu, quoique inoui, n'éblouit pas des yeux sages, au point de leur paroître miraculeux ; avec un peu de réflexion, il est aisément reconnu pour ce qu'il est, & on l'explique par les loix déja connues, en les combinant d'une façon nouvelle : ou bien il prouve une nouvelle loi qui, dans le cas dont il s'agit, modifie, suspend l'action des autres loix, & par-là même s'unit à elles, entre avec elles dans la chaîne d'un même ordre naturel. L'aiman, par exemple, attire le fer, & par cette vertu tient suspendu en l'air des poids très-considérables : mais, sans recourir au miracle, qui est ce qui ne voit pas que l'aiman ne déroge ainsi aux loix connues de la pesanteur, qu'en conséquence d'une autre loix qui régle les effets de l'aiman, & par conséquent les réduit à l'ordre des choses purement physiques? Les réflexions que fait naître cet exemple, s'appliquent d'elles-mêmes à tous les autres effets physiques qui semblent contredire les loix générales, mais dont la cause in-

ici

ici à décider ; on n'a besoin ni d'état libre, ni d'Écoles, ni d'Universités pour la résoudre. Que les Juifs nous montrent un seul miracle fait en leur connue dépend en effet de l'application des loix générales à certaines circonstances particulières, qu'on ne peut pas toujours deviner parfaitement. Mais les miracles de Moyse & de Jesus-Christ appartiennent à un ordre de choses tout-à-fait différent : au lieu que dans les découvertes physiques, les loix connues de la Nature sont modifiées, suspendues ou limitées par d'autres loix qui se manifestent par l'exception même & la limitation qu'elles apportent aux précédentes. Dans les miracles, on voit le cours ordinaire des loix connues s'interrompre & s'arrêter, sans rien découvrir de naturel qui l'arrête, sans voir aucune loi cachée se manifester, sans démêler aucune analogie entre l'effet nouveau & imprévu qui éclate, & d'autres effets de la Nature déja connus ; enfin sans que ces nouveaux prodiges aient une succession uniforme & régulière, qui annonce qu'ils tenoient à une cause naturelle : ils sont uniquement relatifs à de simples actes de volonté ; ils paroissent au gré de ceux qui les opèrent ; ils dépendent de leurs vues, & ne tiennent point au cours réglé de la Nature.

Le miracle suppose donc deux choses, 1°. qu'il y a un ordre fixe & constant dans la nature ; 2°. que nous avons une connoissance de cet ordre, à laquelle nous ne sçaurions nous tromper. Les loix de la Nature, si dignes de la sagesse de son Auteur, étant établies pour servir de régle à nos jugemens & à toute notre conduite, l'expérience nous les manifeste si clairement, que nous ne sçaurions nous y méprendre. C'est là-dessus que roule toute la certitude des choses humaines, & de-là dépend tout

faveur depuis l'établissement de la Religion Chrétienne ; qu'ils nous citent un seul Prophete depuis la venue de Jesus-Christ, & nous leur

l'ordre & même tout le repos de notre vie. Les desseins de la sagesse, les mesures qu'inspire la prudence, les travaux de l'art & de l'industrie des hommes, ne signifieroient rien sans cela : sans ce cours régulier des loix & des causes naturelles, qui nous garantit la constance de leurs effets, on ne pourroit ni agir de suite, ni rien prévoir, ni rien conduire.

Prenez garde que pour s'assurer de ce cours invariable, il n'est point nécessaire d'être habile Physicien. Où en seroient les hommes d'un certain état, qui cependant ont des droits particuliers à la Religion ? Les miracles sont l'argument des simples, ils sont essentiellement preuve de la Vérité, ils sont *fondement*, dit M. Pascal, d'après la Théologie & la raison : donc tout doit être clair, tout doit être palpable dans cette Théologie naturelle. Ce seroit un étrange embarras, si, pour juger de la réalité des miracles, il falloit percer les mystères de la Nature, aprécier ses opérations, & nombrer ses forces. Les témoins des œuvres de Jesus-Christ n'eurent pas besoin de cette science, pour les traiter de miraculeuses. C'est avec raison que la Sorbonne, dans la Censure d'Emile, enseigne que, » L'expé-
» rience & l'observation suffisent à tout le monde
» pour sçavoir que les causes naturelles & physi-
» ques, & les tours d'un homme adroit, ne vont
» pas jusqu'à opérer les miracles de Moyse & ceux
» de Jesus-Christ «.

C'est donc une défaite, de venir nous dire que nous ne connoissons pas tout ce que comprend l'ordre naturel. Le caractère des loix naturelles est d'ê-

donnons gain de cause. Mais non, ils n'y réussiront jamais. Nos anciens Apologistes, comme les modernes, leur ont toujours fait le même défi,

tes simples, constantes, uniformes : s'il y en a de particulières qui modifient les loix générales, elles sont renfermées dans une sphere assez étroite & bornée à certains cas, qui laissent subsister ces premieres loix dans leur généralité ; & les exceptions mêmes qu'elles apportent à ces premieres loix, ont des régles certaines suivant lesquelles elles ne manquent jamais de se reproduire dans les cas qui leur conviennent. Le miracle, au contraire, suspend & renverse toutes les loix naturelles, générales & particulières, sans pouvoir, en aucun sens, se concilier avec aucune de ces loix, sans jamais revenir dans de certains cas, dans de certaines circonstances, & sans avoir d'autre cause assignable que la volonté de celui qui l'opère. Qu'une seule fois en quatre mille ans un seul homme ait marché sur l'eau sans y enfoncer, il est clair que la loi de la pesanteur n'est point là suspendue par aucune autre loi, mais par une volonté particulière, c'est-à-dire, par un miracle.

D'ailleurs, on peut faire un raisonnement victorieux contre l'Incrédule qui exige qu'on lui démontre qu'un tel fait surpasse non-seulement les forces connues, mais encore les forces réelles de la Nature, pour le regarder comme le témoignage de Dieu. Un tel événement, lui dira-t-on, pris en lui-même, quoique démontré supérieur à toutes les forces de la Nature, ne décide de rien, qu'autant qu'il est un témoignage de Dieu. Il n'est un témoignage de Dieu, qu'autant qu'il est la voix de Dieu : il n'est un témoignage de Dieu, qu'autant qu'il est joint à l'invocation de Dieu.

& jamais ils n'ont ofé l'accepter. Les Nations n'ont pas plutôt abandonné leurs Idoles, pour fuivre la lumière de la vérité dont Jefus - Chrift étoit

Cette fuite de propofitions eft évidente. C'eft par conféquent le concours de l'invocation de Dieu avec l'événement ; c'eft ce concours qui, eu égard à la Providence, fonderoit, dans ce cas, l'Incrédule à conclurre invinciblement le témoignage de Dieu : cela n'eft pas douteux, & la conclufion feroit parfaitement tirée. Or, dès qu'on fuppofe une Providence, & que l'invocation de Dieu intervient, il eft tout égal que l'événement furpaffe les forces réelles, ou qu'il furpaffe feulement les forces connues de la Nature. Car du côté de l'homme, l'impreffion qui fuit l'événement, eft, pour ainfi dire, la même dans l'un & dans l'autre cas : du côté de Dieu, fon invocation intervient également dans l'un & dans l'autre cas : donc la Providence eft auffi également engagée dans l'un & l'autre cas à me garantir de l'illufion. Ainfi je vois arriver un homme qui m'annonce que Dieu veut de moi quelque chofe de plus qu'une Religion naturelle, & qu'il eft un culte beaucoup plus excellent par lequel il veut que je l'honore ; & pour le prouver, il appelle Dieu en témoignage, il l'invoque, & il rend en ma préfence la vue à un aveugle-né. Quand, abfolument parlant, ce prodige pourroit être opéré par un agent créé, puis-je me difpenfer de me dire en moi-même : Ou il n'y a point de Providence ; ou, s'il y en a une, Dieu ne laifferoit pas concourir fon invocation avec la liberté qu'il donne à un agent créé d'opérer un fi grand prodige, s'il ne vouloit pas véritablement que cet événement me rendît de fa part témoignage : car s'il n'eft pas contre la Nature, il eft au moins contre

venu les éclairer, que le Dieu des armées a retiré de Jérusalem tous les sages Architectes capables d'édifier. Dès-lors la grace de Dieu a cessé par-le cours ordinaire de la Nature : *A sæculo non est auditum, quia quis aperuit oculos cæci nati*. Dieu le permettroit d'autant moins, qu'il s'agit de tout ce qu'il y a de plus grand & de plus essentiel, puisqu'il s'agit d'un culte d'une Religion. Si je ne me rends pas, ma condamnation est inévitable, & je la trouve dans le concours de l'invocation de Dieu appellé en témoignage avec un événement si prodigieux, que personne ne peut en découvrir la cause ; & si, par impossible, je me trompois, je trouve ma justification dans ce même concours de circonstances, & mon erreur retomberoit sur Dieu même.

Mais supposons pour un moment, qu'il y a dans la Nature des loix inconnues, capables d'opérer les prodiges rapportés dans les Livres saints, il seroit toujours impossible d'atteindre à la connoissance de ces loix ; ou si l'on y pouvoit atteindre, ce ne seroit que par une révélation, que par un secours miraculeux ; & dans ce dernier cas, la connoissance de ces loix, & le pouvoir qu'on auroit de les mettre en œuvre, seroit le témoignage le plus autentique qu'on parloit de la part de Dieu, & qu'on étoit muni de ses lettres de créance. D'ailleurs, quand il y auroit dans la Nature des loix inconnues, on ne pourroit pas en inférer qu'elles anéantissent celles que nous connoissons. Or les miracles de Moyse, de Jesus-Christ & des Apôtres, étoient évidemment contraires aux loix connues de la Nature. Ainsi nos Incrédules ne peuvent dans aucun système, affoiblir l'autorité des miracles : toutes les inepties qu'ils nous débitent sur ce point,

mi les Juifs ; les nuées ont reçu ordre de ne plus pleuvoir sur la vigne de Sorec, & la source des bienfaits célestes a été tarie pour la maison d'I-

nous donnent le droit de les comparer à ces Suisses idolâtres, qui aimèrent mieux dire une absurdité, que de croire à la parole de S. Colomban, confirmée par des miracles de toute espèce. Voici les vers qui ont été faits à ce sujet. Ce trait d'histoire est rapporté mot pour mot dans l'Histoire Ecclésiastique de M. Fleury, Tom. 8. Liv. 37.

 Saint Colomban dans un bourg Helvétique
 Prêchant un jour le dogme Evangélique,
 Voyoit glisser sur ces cervaux bouchés
 Tous les traits forts qu'il avoit décochés.
 Il veut tenter si, sourds à ses oracles,
 Ils se rendront à la voix des miracles ;
 Par le ciseau dans la pierre creusé,
 Est un bassin sur la place exposé.
 » Enfans, dit-il, pour montrer sans réplique
 » Aux plus obtus, que la Foi que j'explique,
 » Est le chemin qui seul conduit aux Cieux ;
 » Je vais souffler sur la pierre à vos yeux ;
 » Et dans l'instant vous allez voir en quatre
 » Les pans brisés sur le pavé s'abattre «.
 Nouveau Moyse, il souffle, & le bassin
 Est pourfendu sous les lèvres du Saint ;
 Vous eussiez cru, qu'en prouvant de la sorte,
 Le cas étoit pleinement résolu :
 Mais sçavez-vous, ce qu'il en fut conclu ;
 C'est que l'Apôtre avoit l'haleine forte.

Non-seulement les Incrédules de nos jours nous disent de sang-froid des absurdités aussi fortes que celles de nos Suisses ? mais ils nous répètent en-

fraël. Tout a été transporté à l'Eglise de Jesus-Christ. Les mêmes preuves qui établissoient la divinité de la Religion des Juifs, établissent celle de

core tous ces faux prodiges que l'on ne fait semblant d'adopter, que pour décréditer ceux qui servent de fondement à la Religion. On leur a prouvé plus d'une fois, que ces faux prodiges avoient toujours trois vices essentiels. Ils sont secrets, ils sont uniques, ils sont mal circonstanciés : *secrets*, chacun en parle, nul ne dit & ne prouve qu'il les a vus. Celui qui les croit cite un autre pour garant, & celui-ci un autre encore, sans qu'on arrive à un témoin fidèle, éclairé & respectable : *uniques* ; jamais un second ne lève les doutes causés par le premier. L'erreur satisfaite d'un succès, ne s'expose plus au risque d'en perdre le fruit en se dévoilant par la répétition des mêmes merveilles : *mal circonstanciés* ; on ne voit pas deux récits qui se ressemblent dans l'histoire qui les rapporte : ce ne sont que variations éternelles, circonstances contradictoires.

Pour les miracles de Jesus-Christ, rien de si public : or plus un fait est public, moins il est propre à seconder l'imposture. Mais que sera-ce, si ce fait par sa nature, excite encore la plus vive curiosité ; si ce fait intéresse ce qu'il y a de plus sensible & de plus cher au cœur ; si ce fait entraîne la nécessité d'un culte, s'il introduit de nouveaux préceptes, & s'il devient le fondement d'une réforme générale ; un pareil spectacle laissera t-il les esprits inappliqués ? Or, tels sont les miracles du Nouveau Testament. On ne peut pas dire qu'ils soient uniques, puisque Jesus-Christ en faisoit partout où il alloit, & que ses Disciples en ont fait de plus grands que lui. Rien de si bien circonstan-

la Religion Chrétienne. Le Juif incrédule ne peut la combattre sans se combattre lui-même : les miracles & les prophéties de Jesus - Christ sont aussi décisifs en sa faveur, que l'étoient en faveur de Moyse les miracles qu'il opéroit & les prédictions qu'il faisoit.

Les Juifs n'ont jamais osé nier les miracles de Jesus-Christ, & leur Talmud fait même mention de quelques-uns que ses Disciples ont fait en son nom. Tout ce qu'ils ont pu dire pour les obscurcir, c'est qu'ils les avoient

cié que le récit de ces miracles. Le temps où l'Histoire Evangélique a été écrite, ne permettoit pas qu'on supposât des faits qui auroient été bien-tôt démentis, puisque ces faits étoient récents. D'ailleurs un fait est bien certain, lorsque ceux qui ont le plus d'intérêt à le nier, ne lui opposent qu'une explication absurde, & recourent à un dénoument impossible : or c'est ce qu'ont fait les Incrédules du temps de Jesus-Christ, & ce que répetent encore ceux de notre siécle, qui ne sont si opposés aux miracles, que parce que ceux-ci sont le fondement d'une révélation qu'on ne veut en aucune manière admettre. La matière des Miracles est si importante, qu'on a droit d'espérer que cette digression ne déplaira point au Lecteur.

opérés par le secours des enchantemens, qu'ils avoient, disent-ils, appris en Egypte. Mais ne devroient-ils pas faire attention, qu'ils fourniffent des armes contre eux-mêmes ? Moyfe n'a-t-il pas été accufé du même crime ? Les Egyptiens ne l'ont-ils pas mis au nombre des principaux Magiciens ? Que répondront-ils à une pareille accufation ? Ils diront, fans doute, que les illufions de la magie n'ont jamais un effet durable ; qu'elle ne fçauroit avoir pour fin d'établir le culte de Dieu & la fainteté des mœurs ; enfin, que les vrais miracles & les œuvres de Dieu ne fçauroient être imités par la puiffance des Démons. Or les mêmes raifons prouvent invinciblement que Jefus-Chrift n'a point été un Magicien ; & une fi vaine accufation ne fert qu'à rendre fes miracles inconteftables, & par une juste conséquence, à prouver qu'il est le Messie.

Demander, comme fait Rousseau, que les Juifs aient un état libre, des Écoles, des Universités, c'est demander tout à la fois le renversement du Christianisme & de la révélation Judaïque. Si les Juifs sortoient de l'état où ils sont sans se convertir à Jesus-Christ, dès-lors la Religion Chrétienne seroit renversée & confondue; & Jesus-Christ, cessant d'être l'objet des anciennes Ecritures, il ne seroit plus impossible à l'Incrédule de les convaincre de fausseté, & de faire voir qu'elles ne sont qu'un amas de vaines cérémonies, de mensonges & de contradictions.

Mais que les Juifs nous parlent puissamment en faveur de Jesus-Christ dans leur état actuel! Leurs propres Ecritures nous apprennent qu'un tel

état est la juste peine de leur incrédulité à l'égard de Jesus - Christ, & qu'ils n'en sortiront que lorsqu'ils croiront en lui. Il suffit de jetter les yeux sur le Pseaume soixante - huit, pour nous en convaincre. » Ceux qui me
» haïssent sans sujet, dit à Dieu le
» Prophete Roi, sont en plus grand
» nombre que les cheveux de ma tête.
» Les ennemis qui me persécutent in-
» justement, se sont fortifiés, & on
» me fait payer ce que je ne dois
» pas.......C'est pour l'amour de
» vous que je souffre ces opprobres,
» & que j'ai le visage couvert de con-
» fusion. Mes frères m'ont traité com-
» me un étranger, parce que le zèle
» de votre maison m'a dévoré, &
» que tous les outrages qu'on vous
» fait sont tombés sur moi.... Vous
» voyez les opprobres & l'ignominie
» dont on me charge. J'ai attendu

» que quelqu'un prît part à ma dou-
» leur, & perſonne ne l'a fait. Ils
» m'ont donné du fiel pour nourri-
» ture, & dans ma ſoif ils m'ont pré-
» ſenté du vinaigre pour breuvage.
» Que leur table ſoit devant eux com-
» me un piége; qu'ils y trouvent la
» juſte peine qu'ils méritent; qu'elle
» ſoit pour eux un ſujet de chûte &
» de ſcandale. Que leurs yeux ſoient
» tellement obſcurcis, qu'ils ne voient
» point; faites que leurs reins ſoient
» toujours courbés. Répandez ſur eux
» votre colere, & que la fureur de
» votre indignation les pourſuive par-
» tout. Que leur demeure ſoit dé-
» ſerte, & que perſonne n'habite plus
» dans leurs maiſons; parce qu'ils
» ont perſécuté celui que vous aviez
» frappé, & qu'ils ont ajouté de nou-
» velles plaies à celles dont j'étois déja
» couvert. «.

Tous ces traits conviennent admirablement à Jesus-Christ. C'est à lui à qui les Juifs ont fait souffrir tous ces indignes traitemens dont le Prophete se plaint : c'est à lui qu'ils ont donné du fiel pour nourriture, & du vinaigre pour breuvage : c'est après tous ces excès commis en sa personne, que la prière faite en son nom, a fait tomber sur les Juifs tous les effets de la colère & de l'indignation de Dieu. Leurs propres Livres sont devenus un piége où ils ont été pris; parce que leurs yeux se sont tellement obscurcis, qu'ils ne voient plus. Leur demeure est devenue déserte par la ruine de leur Ville & leur dispersion, parce qu'ils ont persécuté & accablé celui que Dieu avoit frappé à cause de nous.

Mais ces mêmes Ecritures qui ont prédit à ce Peuple ses châtimens &

sa misère, ont annoncé aussi clairement que Dieu le conserveroit jusqu'à la fin des siècles, par une protection miraculeuse, & lui ouvriroit les yeux à la lumière, en le rappellant à la Foi & à la vraie piété. *Les enfans d'Israël*, dit Osée (*a*), *seront longtemps sans Roi, sans Prince, sans sacrifice, sans autel, sans éphod; mais après ce temps, les enfans d'Israël retourneront au Seigneur leur Dieu; ils le chercheront & David leur Roi, & ils seront pleins de respect & de crainte pour Dieu & pour ce qui est le bien de Dieu; & cela arrivera dans les derniers temps.* On ne pouvoit marquer plus clairement l'état où nous voyons les Juifs depuis qu'ils ont crucifié Jesus-Christ, & en exprimer la cause d'une manière plus précise. C'est pour n'avoir pas reconnu le véritable Da-

(*a*) Isaïe, 66.

vid, & avoir rejetté Dieu même en sa personne : car le Prophete déclare que, lorsque les Juifs reviendront, ils chercheront le Seigneur leur Dieu, & David leur Roi (*a*). Ce David est donc venu, ils l'avoient donc méconnu ; & en le rejettant, Dieu avoit donc cessé d'être leur Dieu, puisqu'ils chercheront l'un & l'autre. Ils n'ont donc pas connu le grand bienfait de Dieu, son don par excellence, c'est-à-dire le Messie, puisque, lorsqu'ils reviendront, ils seront pénétrés d'un profond respect & d'une sainte frayeur pour le bienfait du Seigneur : *Et pavebunt ad Dominum & ad bonum ejus.*

Que l'état des Juifs répand donc

―――――――――

(*a*) Les preuves de la conversion future de ce Peuple viennent à l'appui de la vérité de la Religion Chrétienne. On se fera un plaisir de les développer, & de détruire jusqu'aux plus petites objections de Rousseau, si l'on apprend que le Public vient à goûter cet Ouvrage.

de grandes lumières fur la Religion Chrétienne ! L'œconomie de leur infidélité eft admirable, & porte des caractères de divinité qui frappent, dès qu'on les examine. Y a-t-il rien de plus frappant & de plus divin, que de voir un Peuple qui a rejetté & crucifié Jefus-Chrift, qui a pris de lui un fujet de fcandale, attefter unanimement la divinité des Livres qui dépofent en faveur de Jefus-Chrift, & qui annoncent que ce Peuple même le rejettra & viendra fe brifer contre lui ? N'eft-ce pas vifiblement un Peuple fait exprès pour fervir de témoin à Jefus-Chrift & à fa Religion ? Si les Juifs avoient cru en Jefus-Chrift, quel prétexte d'incrédulité n'aurions-nous pas ? Nous les accuferions de s'être concertés enfemble pour tromper le genre-humain ; nous n'aurions plus que des témoins fufpects

pects de la vérité des Livres saints. Mais comment résister à la force d'un témoignage si décisif, que celui d'un Peuple entier, qu'on ne peut soupçonner de vouloir favoriser la Religion Chrétienne, dont il est le plus grand ennemi ? C'est ce Peuple, d'une exactitude & d'une fidélité reconnues pour sa Loi & ses Livres, qui, malgré tout l'avantage que nous prétendons en retirer contre lui, n'a jamais souffert qu'il s'y fît aucune altération. C'est lui qui nous garantit la certitude de toutes les prophéties dont les Chrétiens s'appuient & s'autorisent.

Les Payens auroient pu nous accuser, comme les Incrédules de nos jours, d'avoir fait après coup toutes ces prophéties si convaincantes, qui ont prédit si long-temps auparavant les caractères du Messie, la venue de Jesus-Christ & l'établissement de son

Eglise. Mais Dieu, pour procurer aux hommes toutes les preuves qu'ils peuvent défirer, a rendu dépofitaires de ces prophéties un Peuple ennemi du nom Chrétien, s'il en fût jamais. Il l'a difperfé par toute la terre, pour y rendre un témoignage autentique & irréfragable de la certitude & de la vérité de toutes ces prophéties. Vous trouvez, avons-nous dit aux Payens, les prophéties que nous vous objectons, fi claires & fi décifives, que vous nous accufez de les avoir compofées nous-mêmes. Plus elles font évidentes, plus elles vous paroiffent fauffes, & plus vous êtes perfuadés qu'elles font fuppofées, & faites après la venue de celui qu'elles annoncent. Mais, pour lever tous vos doutes, pour détruire l'accufation que vous intentez contre nous, confultez les Juifs, ces ennemis de la Foi, encore plus irréconciliables que vous. Vous ne sçauriez les soupçonner de conniver avec nous pour vous tromper & vous séduire. Les Juifs, cités en témoignage, attestoient aux Payens que Moyse étoit un homme envoyé de Dieu pour être leur Législateur, qui avoit vécu quinze cens ans avant Jesus-Christ, & tous les Prophetes long-temps avant lui. Alors les Payens ne pouvoient s'empêcher d'admirer la solidité des fondemens de la Religion Chrétienne ; puisque les Juifs même, quoique ses plus grands ennemis, lui rendoient un témoignage qui tournoit à leur confusion, & que par conséquent la seule vérité pouvoit tirer de leur bouche. Enfin tout concourt à montrer aux Incrédules que la Religion Chrétienne tire sa force de tout ce qu'on invente même pour la détruire. Qu'on jette les yeux fur cet enfemble de nos preuves, & l'on déplorera l'aveuglement de ceux qui cherchent à la méconnoître.

Fin de la Troifiéme Partie.

APPROBATION.

J'AI LU, par ordre de Monseigneur le Chancelier, un Manuscrit qui a pour titre : *La Divinité de la Religion Chrétienne, vengée des sophismes de J. J. Rousseau*, 2e & 3e Parties de la Réfutation d'Emile ou de l'Education. L'Impression m'en a paru utile. En Sorbonne, le 31 Décembre 1762.

Signé JOLLY.

PRIVILEGE DU ROI.

LOUIS, PAR LA GRACE DE DIEU, ROI DE FRANCE ET DE NAVARRE : A nos amés & féaux Conseillers, les Gens tenant nos Cours de Parlement, Maîtres des Requêtes ordinaires de notre Hôtel, Grand-Conseil, Prevôt de Paris, Baillifs, Sénéchaux, leurs Lieutenants Civils, & autres nos Justiciers qu'il appartiendra, SALUT. Nos amés, *Jean Desaint & Charles Saillant*, Libraires à Paris, Nous ont fait exposer qu'ils desireroient faire imprimer & donner au Public un Ouvrage qui a pour titre : *Réfutation de Jean-Jacques Rousseau*: s'il Nous plaisoit leur accorder nos Lettres de Permission pour ce nécessaires. A CES CAUSES, voulant favorablement traiter les Exposans, Nous leur avons permis & permettons par ces Présentes, de faire imprimer ledit Ouvrage autant de fois que bon leur semblera, & de le faire vendre & débiter par tout notre Royaume *pendant le tems de trois années* consécutives, à compter du jour de la date des Préfentes; Faifons défenfes à tous Imprimeurs, Libraires & autres perfonnes de quelque qualité & condition qu'elles foient, d'en introduire d'impreffion étrangère dans aucun lieu de notre obéiffance: A la charge que ces Préfentes feront enregiftrées tout au long fur le Regiftre de la Communauté des Imprimeurs & Libraires de Paris, dans trois mois de la datte d'icelles; que l'impreffion dudit Ouvrage fera faite dans notre Royaume, & non ailleurs, en bon papier & beaux caractères, conformément à la feuille imprimée & attachée pour modéle fous le contre-fcel des Préfentes; que les Impétrans fe conformeront en tout aux Réglemens de la Librairie, & notament à celui du 10 Avril 1725; qu'avant de les expofer en vente, le Manufcrit qui aura fervi de Copie à l'impreffion dudit Ouvrage, fera remis dans le même état où l'Approbation y aura été donnée, ès mains de notre très-cher & féal Chevalier & Chancelier de France le fieur DE LA MOIGNON, & qu'il en fera enfuite remis deux Exemplaires dans notre Bibliothéque publique, un dans celle de notre Château du Louvre, un dans celle dudit Sieur DE LA MOIGNON, & un dans celle de notre très-cher & féal Chevalier, Garde des Sceaux de France le Sieur FEYDEAU DE BROU, le tout à peine de nullité des Préfentes; du contenu defquelles vous mandons & enjoignons de faire jouir lefdits Expofans & leurs ayant caufes, pleinement & paifiblement, fans fouffrir qu'il leur foit fait aucun trouble ou empêchement. Voulons que la Copie des Présentes, qui sera imprimée tout au long au commencement ou à la fin dudit Ouvrage, soit tenue pour duement signifiée ; & qu'aux Copies collationnées par l'un de nos Amés & féaux Conseillers-Secrétaires, foi soit ajoutée, comme à l'Original. Commandons au premier notre Huissier ou Sergent sur ce requis, de faire pour l'exécution d'icelles, tous Actes requis & nécessaires, sans demander autre permission, & nonobstant clameur de Haro, Charte Normande, & Lettres à ce contraires. Car tel est notre plaisir. DONNÉ à Paris le cinquiéme jour du mois d'Octobre, l'an de grace *mil sept cent soixante-deux*, & de notre Régne le quarante-huitiéme. Par le Roi en son Conseil.

Signé, LE BEGUE.

Regiſtré ſur le Regiſtre XV. de la Chambre Royale & Syndicale des Libraires & Imprimeurs de Paris, N°. 757. fol. 333. *conformément au Réglement de* 1723. *A Paris ce* 8 *Octobre* 1762.

Signé, LE BRETON, *Syndic.*

De l'Imprimerie de LOTTIN, 1763.

www.ingramcontent.com/pod-product-compliance
Lightning Source LLC
Chambersburg PA
CBHW070739170426
43200CB00007B/574